南方誌

這些人那些事，臺南最迷人的社區圖像

王美霞・著

市長序

與臺南相愛吧！

臺南市市長
賴清德

王美霞老師以文化志工為職志，創辦「南方講堂」，為文所著均流露出對臺南在地人、事、物之款款深情。她筆下的題材不譁眾取寵，文字亦非華麗絢爛，不刻意渲染的情懷，卻帶出極大的文字力量，讓人得以看到最真實最動人的臺南。

二〇一五年王美霞老師再度以細膩的觀察、溫潤的筆觸書寫臺南故事，這次她以「社區」為題，所聞所載、所感所思，敘事抒情的文字力道之深，如同重擊出全壘打，在飛越的弧線中牽繫起對這塊土地的情思，讓我看見了勤奮樸實、熱愛斯土的臺南人，也看見了無怨無悔、勇往直前的社區有志之士，更看見了未來。

回望來時路的同時，臺南人正堅定自信大步的向前行。飽覽臺南的人情、風光、美食、產業外，本書的字字句句將飽足你對臺南的期盼與想望，與臺南相愛吧！

局長序

文化沃土　花開臺南

臺南市政府文化局局長
葉澤山

「社區」是公共生活中最基本的單位，多元的社區文化匯流成臺南文化的巨河，在長遠的時間中，滋潤著這塊土地，孕育出勤勉的臺南人。隨著歲月遞嬗、人非物換，社區故事是道不盡的，但在王美霞老師的筆耕墨耘下卻說得真切、說得精彩！

精彩的社區故事並不瑰麗，它混著泥土，和著汗水與淚水，走的不是康莊大道，而是前人一步步踏得夯實的土地。如斯社區的人事物，偌多偌大，除卻寫作時間，需費不少工夫。當文化局提出寫作本書的邀請，王美霞老師即欣然慨允，她不辭辛勞、深愛臺南，恰與書中無畏艱苦、關懷鄉土的臺南人相應。

文化局以臺南市社區營造的守護園丁為任，感謝王美霞老師、麥田出版社為這方園地帶來的雨水與陽光，相信在文化沃土的滋養下，可迎來遍地花開的時刻。

作者序

土地的花開，土地的愛

王美霞

國，不可以無史，土地與人民，更不可以無史，從天光到暗暝，生活其中的斯土斯民，是最真實的存在，他們安安靜靜地日出而作、日入而息，用每一天的故事，為大地寫詩。台南市文化局對於鄉土的文史資料，有其高瞻遠矚的視野，幾月前，委託我寫作臺南社區史，基於鄉土之愛，我排除萬難，走入市鎮鄉野，以我拙筆，為社區寫史，吾雖不敏，當勉力為之。

八個月的時間，走了八個社區，從府城、鹽水、西港、新化，到白河、新營、官田，鄉野之路越走越遠，體悟與感動卻越來越深。在社區中，我看見信仰的力量，善良的百姓依靠著虔誠的信仰，度過貧窮、忍受失去，不怨不艾，在土地上等待春天！背著大崎媽踏上遷徙的長路，扛起黑面祖師、池府千歲，生根落葉，豐收時，以牛犁歌禮讚神祇，困難的時候，別怕，用宋江陣保護家園，若土地上農作長成了，就迢迢千里路，肩挑手提，買賣來養家活口，現今，一個個社區更努力行銷活化成為自給自足的企業型社區。從經濟、人文，到環保、文創，然後溫柔地回歸土地，社區走了一段在土地上自覺的路，他們開始敘述自己的故事，而每個故事，都因為有一群任勞任怨，不求回報的志工，而花開，而歌唱，而圓滿自足。

當我這一路踏查那些名不見經傳，卻又如此本分、認真活著的人與事，心中有大感動，我深深覺得，我是謙卑的學習者，在他們身上學習：什麼是勇敢的生命。社區有史，是臺南土地的幸福，完稿之際，我以無比感謝的心，祝福這一路上讓我認識社區所有人文地景的幾位理事長、總幹事、地方耆老，以及書中精彩故事的主角們！

目錄

1

鹽水

橋南社區

南瀛一街話今昔

月津港的湧浪
搖盪彼時的歌聲舞影
櫓來槳去，帆影依稀
燈燦水月的老故事
寫成橋南古街的頁頁風華

史

橋影水花煙景麗

臺灣古有一府、二鹿、三艋舺、四月津，月津即昔日的鹽水港，清朝時此港三面為急水溪所環繞，形成月形的港灣，來往大陸的船隻在此裝卸貨物，米、糖、竹筍、福肉等也由此輸出，月津港是嘉義、臺南鄰近地區的農產集散地，直接和大陸諸港貿易，當年曾設巡檢司，並築有城牆，航運盛極一時。

橋南老街依傍在月津港，是鹽水區最早的一條街道，也是清代鹽水通往南部鄉鎮的交通要道，人稱繁華的「南瀛始街」。昔日商家林立、商賈大戶錯落，至今老街的門房上還貼著對聯：「橋影水花煙景麗，南金東箭往來頻」，那一字排開的橫批：「鹽水港橋南老街」，訴說老街居民引以為傲的氣派。

橋南老街以興隆橋為起點，興隆橋距今已有一百八十餘年的歷史，位居商賈往來要津，原本是可以從中向兩旁分開的木造橋，當時從兩頭懸高的橋下經過的舟船貨物，不知凡幾。昔日橋下溪水清澈，游魚溪石直視無礙，黃昏時舟船靜泊，時人漫遊橋上，觀賞波中霞影，入夜時，明月映照水影，靜謐優美，蔚為勝景。舊時月津八景之「興隆水月」，有詩為證：「月轉興隆夜倍瑩，波心添出一輪明，雲衢千里欣高挂，珠玉雙圓孰鑄成，今古長留蟾影潔，水天磨洗鏡華清，年年最愛中秋夕，吟望橋頭到五更。」曾幾何時，充滿古意的木橋改成水泥橋，舊橋遺跡只剩一糯米橋墩，橋頭上斑駁的石欄鐫鏤著「興隆橋」三字殘刻，落寞地與「南瀛第一街——橋南老街」的黑褐色招牌遙遙相應。

紅磚老街訪舊跡

古時橋南老街繁華無比，傳統的閩式街屋，店鋪和住家建築混合，前面作為店面，後面作為住家。街屋大多是半閣樓式，並有樓井，房舍仍保有閩式山牆建築特色。此路緊臨對外港埠，又是南北交通要道，是舊鹽水港埠南岸最熱鬧的地方，居民以經商為業，鹽館、糖行、牛帽店、米粉店、染坊、犁頭店、打鐵舖等民生店家林立，港埠繁華鼎盛時，酒樓藝旦入夜笙歌吹送，多少紈褲豔事，至今仍為後人津津樂道。當時經營糖郊及鹽郊的家族，皆為一時豪冑，經商致富，進身鄉紳，對於地方的發展，具有決定性的影響，目前北帝殿前保留的紅瓦厝，古代便是「李家鹽館」的舊跡。早期街屋及道路都以紅磚砌成，來自大陸渡洋運來的磚材，一式排開，足見橋南老街繁華的盛況了。

信步橋南老街，彷彿進入時光隧道，興隆

橋旁的「泉利打鐵舖」，是家傳六代，百餘年歷史的老舖，街坊寂寂，打鐵舖的敲槌陣陣清亮，日日的更漏敲擊著老街的歲歲年年，陽光時時晴好，北帝殿的香火裊裊，偶爾一陣陣咖啡香從橋南咖啡店傳來，讓腳下的步履多一點浪漫。走在康樂街上，古時有釋仔寺，如今已不存在，然而，月津八景的「釋寺甘泉」至今依然吟詠：「寺外方池一鑑開，源頭滾滾接天來，清波釁玉無鹽質，靈水烹茶潤喉朋，地脈穿通流澤遠，井心澄澈挽瀾迴，甘泉不減楊枝露，方便還兼鎮旱災。」釋寺甘泉，指的是釋仔寺的水井。水井在康樂路五號至六號之間，

橋南老街二十五號外為實心磚牆，現為社區展覽空間。

如今也已成道路。復前行至現在的興隆橋側邊的親水公園，那是舊時月池所在，「月池蛙鼓」亦為古鹽水八景之一：「曲翻新調兩餘天，括耳蛙鳴鳴莫眠，兩部笙歌聲閣閣，三更月沼鼓淵淵。不平叫鬧嗔誰甚，無病呻吟問孰憐，鼓吹文風憑振起，宮商協奏韻悠然。」月池，是月津港副港，河道沖刷而成之半月湖，環抱文昌祠，白晝池清如鏡，夜間眾蛙爭鳴，秋來時，拂岸風涼，別見一派爽朗。月明星稀風有韻，津渡荒郊水無聲，對此悠然美景，鹽水女詩人黃金川寫下：「津橋無語倚斜陽，秋草牽風翠帶長。俯視清流終不盡，橋南橋北葉飛黃。」時局遷易之後，港道淤積，水運漸不通行，火車幹線東移，鹽水鎮的風華漸次掩翳，舊橋已隨滄海桑田而逝，然而，橋南老街的故事，歌未央。

事

水色人文新風貌

橋南社區由於傳統產業式微，昔日月津港風華不再，再加上年輕世代外移，街坊居民呈現高齡化，老屋頹圮、空地雜草叢生，社區呈現一片荒蕪景象，令人不免慨嘆。社區有志人士因而自覺，從林火木理事長，到繼任者鄭惠澤理事長，多年規劃經營，一步一腳印營造橋南社區。由於居民觀念老舊保守，對於推動改造心存觀望，社區營造工作的辛苦與冷暖孤獨不足為外人道，然而兩任理事長的堅持，使得橋南社區再造欣見曙光。鄭惠澤理事長說：「我沒有什麼雄心壯志，我只想為自己的故鄉做點事，這是我一直以來的願望。」前任理事長林火木先生也說：「我是道地的庄腳囡仔啊！我並不十分了解什麼是社區營造，不過，只要對阮ㄟ故鄉有幫助的事，我都願意盡全力去推，也甘願努力打拚做！」橋南社區總體營造從九二年的環境改善計畫、九四年橋南地方文化館籌設、文化創意產業發展、九五年振興傳統產業等項目，起步至今，著力於月津橋畔與橋南老街閒置空間再利用、找回「南瀛第一」的歷史人文、橋南老街傳統生活圈再現等等，多年努力社區營造，終成規模。橋南社區發展協會為了服務訪客，特設橋南老街咖啡美食館暨遊客中心作為社造活動據點，冀望開啟橋南老街現代章節，讓老街再次活絡起來。在橋南社區發展協會的努力下，橋南老街重現人文地景的版圖，也有老建築老工法的展示，推動社區環境教育與社區關懷服務，並且透過耆老采風話當年。

人文地景版圖

走入老街，座落在興隆橋畔，有一「興隆古碑」，據《鹽水鎮志》所載，此碑年代在乾隆四十四年（一七七九年），碑名為「重修鹽水港佳興橋碑記」，兩百多年的花崗岩，碑文已風化難考，此碑原被棄置於北帝殿前作為水溝蓋用，後被發掘，輾轉回到興隆橋畔，此碑正好印證了「興隆橋」舊名「佳興橋」的考證。

至於橋南的北帝殿，是橋南里四境的信仰所在，此殿北極玄天上帝的藥籤自古聞名，照眼門神彩繪天龍地虎，廟內彩繪是老里長楊明哲與橋南老前輩共同設計的，壁上有以二十四節氣為主題的繪畫，廟前的燒金爐也特別貼上二十四孝圖，很有創意。殿前廣場，每到夜晚掌燈時分，社區有氧舞蹈課程開始，聞歌起舞的婆婆媽媽，手舞足蹈，婀娜多姿，歡樂滿滿。

橋南古街另有一絕，是為古井，據耆老所言，此地風水高貴，處處皆有井水滋養生民，由於街屋年久失修，目前老街僅存十餘口古井，可提供參觀者亦剩三至四口，這些清朝時期開鑿的古井，孔徑約六十～七十公分，古井大部分以弧形磚砌，井壁留有凹洞以便攀爬，現今耆老仍記得兒時環繞古井汲水，家家以大甕缸儲水的趣事。

橋南老街十三號的咖啡美食館，是傳統與現代結合的老屋欣力，店裡可以品嚐咖啡，也販賣橋南品牌的鹽水意麵，是很在地的伴手禮。屋址十六號原為橋南遊客中心，現成為私人文物館，十四號保存御前清客老文物，百年老屋保存極佳，時常有電視臺租借來拍攝戲劇，此空間早期是「北管南盈社」會所，屋主為鹽水當地南管「清平社」館東，清平社是早期的南管樂團，受庇護宮支持，風光一時。相傳當年康熙皇帝舉辦萬壽宴，宴請士、農、工、商六十歲以上耆老，清平社演出大獲讚賞，御前

賞賜太師椅、金獅腳踏、賜字「御前清客，五少芳賢」、宮燈一對、涼傘一只，後來這些行頭就成了南管演出的基本配備。出自鹽水清平社的許多老師傅，也在外地教授南管樂，且有很好的成就，如今清平社已解散，橋南社區尚可見北管「南盈社」的活動，樂團中老中青三代皆有，目前社區發展協會與月津國小合作培訓小學生勤練北管，成為傳承的團體。

老工法與新創意

橋南老街的街屋建築群，保留傳統建築工法，從這些工法安全堅固的結構，以及完美藝術的工程，可以一窺先人智慧及敬業精神。較為重要的建築工法如：實心疊砌磚牆，早期白大陸漳、泉二地轉運的紅磚，俗稱「天龍磚」，或「乾隆磚」，在臺灣大陸兩地船貨來往中，紅磚常做為壓艙壁材，這是閩式建築最常見的材料。在橋南老街保留以實心疊砌磚牆砌法的建築，將磚塊水平層層積疊，磚層間再以灰泥黏著，這種砌法的牆面，通常是大戶人家的財力才能完成的。

至於穿瓦衫則是閩式建築工法，用土埆砌成的山牆用瓦片層層覆蓋，以防風吹、日曬、雨淋。方形或魚鱗形的瓦片用竹釘嵌入，整片牆如穿上一件瓦製衣衫，因此稱「穿瓦衫」或「魚鱗牆」。而斗砌磚牆的建築工法俗稱「金包銀」，是由一丁一目一橫一豎的方式砌成中空牆體，之中再填入土埆、卵石、碎磚等土石碎料，由於這種工法磚牆結構厚實，磚材省料，外觀又紅豔照人，因此深得當時大眾喜愛。空心的磚牆裡，有時是老阿嬤暗藏私房錢或金飾珠寶的密室，因此此牆便有「阿媽的私傢」或「金包銀」之稱。

橋南傳統街屋的窗板是以人工拆卸與裝合的，清晨時，一一拆起窗板，老街的一天，就此展開，沿著街道漫步，有李家古厝，屋老廳深，偌大空間正有藝術家以新創畫作在佈覽。前行走至實心磚牆前，老木工馬山海先生正與友人微笑話舊，轉入巷道，石敢當座落在宅院角隅，幾百年來，這一方石板，默默守候，捍衛家居，避邪祈福。再往前，是素玉阿嬤的剃

1 實心磚牆。
2 穿瓦衫。
3 門板編號以利拆裝。
4 拆掉的門板。
5 石敢當。

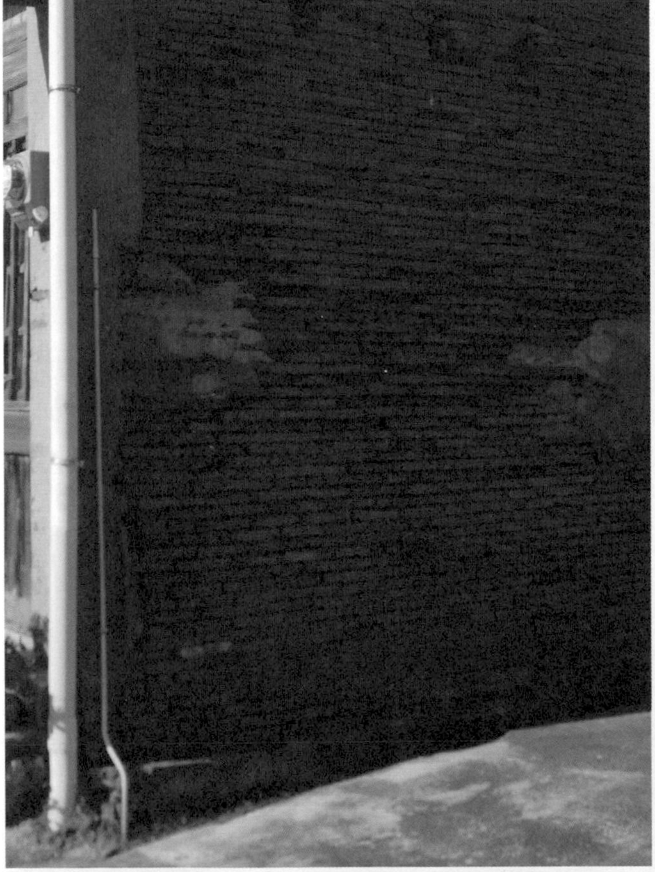

頭店。前方文化景點「窗庭」，是最大膽的空間改造，橋南社區媒合南榮科技大學室內設計系的師生，邀請月津國小美術班的學生們彩繪、綠化，再現「人文、休閒、好快活」的主題，這個集合所有「窗口」的概念的創意，彷彿訴說老街的居民們，努力探出歷史窗口的想望。

再往前，有五十多年歷史的雜貨店大和行的蔡清全老闆，正忙著趕路，他說：「今天要幫忙大愛電視臺調配臨時演員，不能做生意了！」倏地一聲，跑行程去了。這是橋南老街的平日，

文化景點：窗庭。

很生活，也很自在的忙碌。然而，最讓人感動的活力，在社區關懷據點。

愛，就是鬥陣做伙行

社區關懷據點是橋南社區中很溫暖的所在，每天，社區裡很多老先生、老太太來唱卡拉OK、量量血壓，或者喝茶聊天。上午十點鐘，這裡會發派出去熱呼呼的便當盒，那是送給獨居老人的食糧，負責發放的是社區的志工，以志工隊長翁美玉為首，騎著機車每人分送六家獨居老人，全年無休日。社區志工，泰半是在地退休的中老年齡層的老伯、阿桑，他們秉持在地的人親土親的愛，每天無怨無悔地付出。以發放獨居老人的便當來說，好幾位老伯公每天都要騎幾十分鐘、甚或一小時送便當給獨居老人，我問他們：「每天這樣甘會累？」阿伯公笑著說：「呷飯皇帝大，照顧別人是足幸福的代誌呀。」採訪當日，正好是社區志工隊開會，志工們有的從家裡抱著孫兒來開會，有的是從田裡趕來，摘下斗笠，脫了花衫頭罩，汗水還未擦乾，就跟著大伙兒練起表演的舞蹈來，小小的活動中心只見一群左扭扭、右擺擺的憨戇笑臉，溫馨感人。他們練好了，要去表演呢！在這裡搏感情，都是為了服務鄉里。

為了讓更多人認識月津港環境整治的歷程及在地文化歷史資源，並活化橋南老街歷史街道街屋，橋南社區發展協會多年來致力推廣社區環境教育，將社區資源向外連結，「橋南社區兒童攝影集故事創作」的活動將社區美美的回憶記錄下來，也讓社區裡的孩子們見識橋南社區之美，並且用不同視野發現鄉里裡的美麗風采。「橋南小小解說員暑期培訓」帶領學童重新檢視社區內人、文、地、產、景的生活面向，培養文化傳承的小尖兵。社區產業文創市集、環保志工教育與「橋南樂活 LOHAS 有機蔬

1

3 | 2

3

1 社區志工們練習舞蹈表演。

2 橋南里民服務處的門神。

3 社區志工服務簽到處。

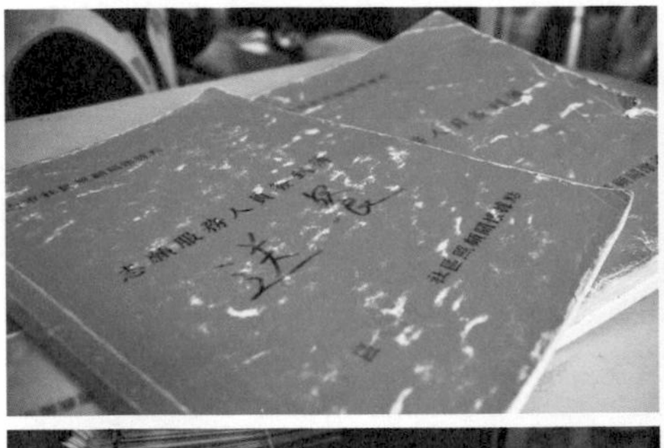

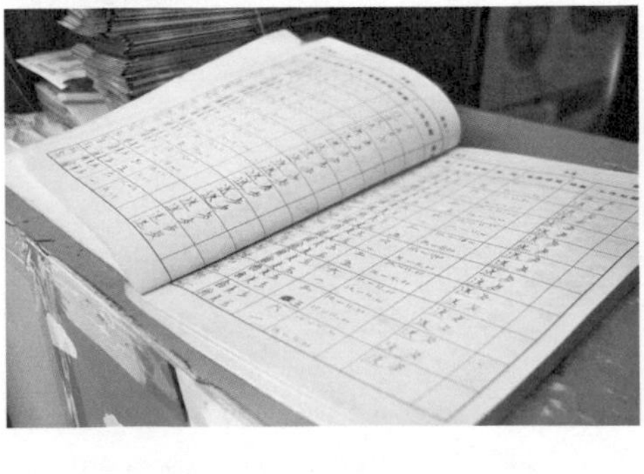

菜」進一步催生橋南綠色環保產業，至於「橋南創意金獅陣」再現傳統藝陣之美，使得舞獅技藝再現活力，每一份努力，都是一個期盼的願景，透過諸多活動，期盼橋南「藝」起來！

人

那雙手，是橋南最美的風景

若論橋南的今昔，早期推動社造的前線戰將鄭佳文、人稱阿山哥的陳錫山先生等人，都是熱心的推手。但是見證百年歷史，泉利打鐵舖，以及李一男阿公是活歷史的招牌。泉利打鐵舖，在李一男阿公的年代是從「泉山」改名而來的，當時泉山與新街（現三福路）的這家打鐵舖，是舊臺南縣僅有的打鐵舖。今年七十四歲的李一男打鐵至今已經一甲子，十四歲開始打鐵，六十年的歲月裡，李一男阿公看盡橋南老街的興衰起落。打鐵舖在港邊，當時整條街都在做批發生意，街坊人潮洶湧，商家林立，阿公打造農具（鐵鍬、鋤頭）、刀具（菜刀、掘子、鋏子、柴刀）的店裡時常擠滿了等著買貨的顧客，他指著結實的地板說：「你看，來來往往的顧客，你一腳、我一腳把土泥地板都踩成石頭般堅實！」他很得意地將雙手跨在木質的窗臺上，說：「看到沒？這裡凹下去了？」那是等在窗邊的顧客幾百年來磨蹭在上面而凹陷的痕跡，人說「戶限為穿」，那實在不稀奇，窗臺為穿，才更是了不得！李一男阿公每說到此，就很得意地爽朗大笑！泉利打鐵舖保留清朝時木造店舖的建築風格，戶樞門檻、風櫃、削刀床、長板凳、磨刀槽、水槽樣樣都是祖先留下來的，兩百多年，每天開工都要把窗臺和門板拆下，收工時，再裝回去，日日晨昏不厭

木質的窗臺上，有等在窗邊的顧客百年來磨蹭在上面而凹陷的痕跡。

其煩，因為阿公對這家打鐵舖有深深的愛！

阿公說老一輩的人國小畢業就要學功夫來養家，回憶當時年紀小，也不知道如何捶打，打鐵是汗水活，早期工作要一手推送風、一手燒鐵，十分辛苦，從早到晚汗水流不停，雙手受傷也要做，流血也要做，打鐵六十年的他，每根指縫都有刀痕，指甲更不知破損幾回，張開那雙龜裂的富貴手，用手撕去綻開的皮肉，也不覺痛，阿公笑著說：「沒辦法，刀利不利，用手試，最準！」所以忍受炙熱高溫，鐵砧裡來、磨刀石裡去，打鐵，是宿命，也是認命，更是知命的選擇。

李一男阿公自認打鐵技術一流，他說焠火溫度、鍛鍊的功夫絕對無人能比，而且他堅持慢工出細活，純手工的製造，每把刀都是獨一無二，他將自己的作品，視同藝術，所以不接大量店訂單，即使經濟不景氣，也堅持不二價，不降價，是他身為職匠的堅持。他還有一項堅持，那就是不收學徒，幾百年的家傳祖業，他不想拱手予人，所以堅持只傳自家人，不傳外人。另外，每天都戴著斗笠，就是阿公更叫絕的堅持了，早先戴斗笠工作只是遮陽，年日長

3 | 1 / 2

1　泉利打鐵舖保留百年木造風格。
2　一流的刀工，製作一流的刀具。
3　阿公焠火鍛鍊功夫無人能及。

久之後，斗笠就成了他的活招牌，前來買刀的顧客有時還認斗笠不認人呢！阿公每天工作，一年只有農曆初一、初二、初三休息，有一次，來店裡的顧客看見未戴斗笠的阿公，竟不相識就問：「店家換人了嗎？」這一氣！讓阿公決定三百六十五天都戴斗笠！所以，戴斗笠，是為了商標、註冊、認證，這是他的正字標記。斗笠戴了五十幾年，壞幾十頂，他依然與斗笠同在！

泉利打鐵舖還有一項成為橋南社區文化指標的大事就是：取午時水。每年端午節十一點四十五分時，阿公會固定到鐵舖南側約三十公尺的一個三百多年的古井取午時水，再倒入店內水缸，午時水，至陽之水，乾淨，久儲不壞，用其煉鋼磨刀更添鋒芒，泉利打鐵舖上百年來都這麼做，用以鍛造好鐵具，而且一年只換這次水，午時水，至陽之氣加上老練打鐵技術打出來的鐵就是與眾不同，阿公很堅持地說：「只要泉利打鐵舖還在，這個傳統就會持續不改。」

過橋的泉利鐵店從民國八十四年開始被報導後，幾乎是橋南社區的地標，木造屋宇簡陋，李一男阿公不以為苦，他說，木屋通風，很涼爽，不覺得熱，對他來說，打鐵舖不僅是謀生的工具，更是人生辛酸苦辣的滋味，李家幾代人欣喜哀樂盡在其中。所以，有人想收購店內古董，他一概回絕，他認真維護祖先留下來的古董，並且在此演繹自己安分知足樂觀的一生，打鐵生活日日嘈吵，但李一男自有一套清明哲學，且甘之如飴。

現今店面多了一個年輕身影，那是第六代傳人，李信賢說：「阿祖傳下來的都是泉利鐵舖的品質保證，店內每樣器具與房舍，都比自己年紀還要多好幾倍，都是傳家之寶，以後泉利的老字號，會在我的手裡永遠傳承下去！」

1 阿公打鐵坐的長椅。
2 午時水。

賴打！我的人生

橋南社區還有一個微型的古董博物館，就在大和行。老闆蔡清全在橋南社區經營小雜貨店，十三歲時，他就開始收藏舊物，後來由父親手中傳承了日據時代的小海報，泛黃的海報比他的年紀還大，海報中政令宣傳及日據時代將領的照片吸引著他，自此，長時間浸淫在古物的世界裡，他深深為古物背後的故事所著迷，他說：「只要有年代的東西，和這塊鄉土有關的物品，我都會收藏。」現今這些海報以及無數古物已走過半個世紀，他將之視為壓箱寶，七十幾年的檜木香裡，典藏了無數的珍寶。這些珍寶有五〇年代廣播收音機執照、阿嬤的中華民國華僑登記證。喜愛古早味的他，收集老東西是一種對過去先人的思念，由於收集的文物極廣博，漸漸地蔡清全成為各方請益的對象。最近許多來老街取景的電視臺，也都商借他的文物來入鏡，最後，連「人」也請進鏡頭了。在許多戲劇裡，他穿著員外的衣裳，或是日據時代的服裝，出沒在攝影棚裡，穿梭時光的長廊，讓他覺得十分「湊趣」，而且樂此不疲，可見蔡清全老闆喜愛追逐時間的線索。

在他的收藏裡，樣樣讓人驚喜，有五十年前的書籤、愛國獎券、報紙、良民證……寫著「祝你學業進步」、「增產報國」的功課表讓人看了不覺莞爾。其中最有趣的是打火機的收藏，展示在眼前不論是雨傘、電鍋、口紅、小提琴、二胡、釘書機、滑板車、天線寶寶、蜘蛛人、麻將、貓熊……都是打火機，每個打火機造型，都可以反映那個時代的脈動及流行，蔡清全很興奮地打開每個打火機，熒熒火光中，他的眼睛也晶亮了，彷彿一把火、一個打火機，就足以「賴打」他的美妙人生。

蔡清全說，收藏古物讓他覺得生命的遇合是可遇不可求，有些古物收藏，是古厝倒塌拆

VISA

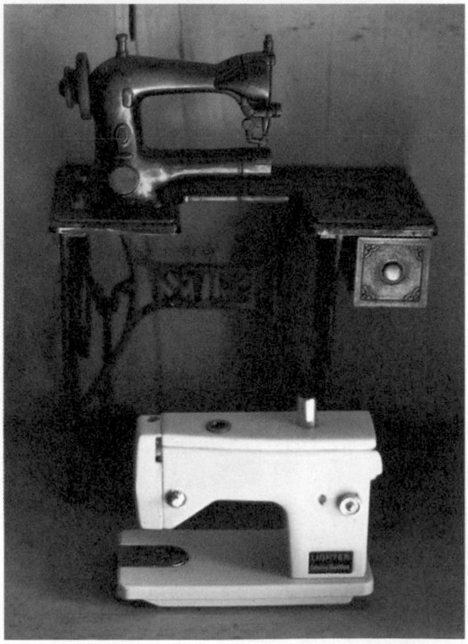

除時，從被丟棄中搶救下來的，有些是朋友知道他的嗜好，就告訴他去收集，從每個古物，可以知道歷史，可以想像故事，也可以和同好交流，他覺得是很幸福的事，所以樂此不疲，其樂無窮！

婆婆媽媽的愛

橋南社區裡有許多的婆婆媽媽，用她們的愛，照顧社區裡的人。其中傳統剃頭的素玉阿嬤就是默默付出愛心的人。素玉阿嬤十六歲學剃頭技術，當年，跟著兄嫂學燙髮，之後因為念及母親在家孤單，回到家鄉陪伴母親，十九歲嫁到橋南，先生和自己都是在地鹽水人，未曾離開鹽水鎮，好像一生的情感，都用在陪伴鹽水橋南了。民國二十七年生的她，今年將近八十歲，六十二年的歲月服務過的客人不計其數，她說，以前剃頭，只為了生計，傳統觀念的女子很認命，每天開店就是剃頭，有一次過年節，一天裡剃頭剃到不知凡幾，夜裡想說來算看看賺了多少錢？結果先生大喝：「女人做事就好！算什麼錢呢？」阿嬤說傳統女人是這樣，很認命，但是她心裡想著能把五個孩子拉拔長大就是最好的事業了。現今孩子長成，希望阿嬤不要再剃頭維生，但是阿嬤一技在手實在捨不得放棄，而且，每天剪髮，多多少少與人互動，覺得生活多一點趣味，因此，剃頭，成為她一生鍾愛的工作了。

店裡五十年歷史的吹風機至今還依然牢固耐用，阿嬤剪髮的技術，俐落輕巧，那是一輩子練就的本事，素玉阿嬤以俐落的刀剪削出稜角分明的鬢髮，技術之純熟，讓我們當場忍不住讚美，阿嬤說：「帶著孩子來剃頭的媽媽們，看我剃出髮型的輪廓，孩子美好的容貌也出來了，就忍不住說：好水啊！」素玉阿嬤最喜歡這種感覺，她說：「天下的媽媽都是愛自己的孩子的！」所以，他喜歡把社區裡的老顧客，尤其是小孩，頭髮剃得很漂亮。

過年節時，阿嬤也是不歇息的。她說很多孩子從外地回來，當兵的，回營要理頭，學生開學註冊也要檢查頭髮，都是不能等的，所以，我當然要幫他們剪個好髮型，讓年輕的孩子有力氣去打拚啊！那天採訪時，坐在理髮椅上的是社區裡虎仔的娘家的大姐的女兒的小兒子，

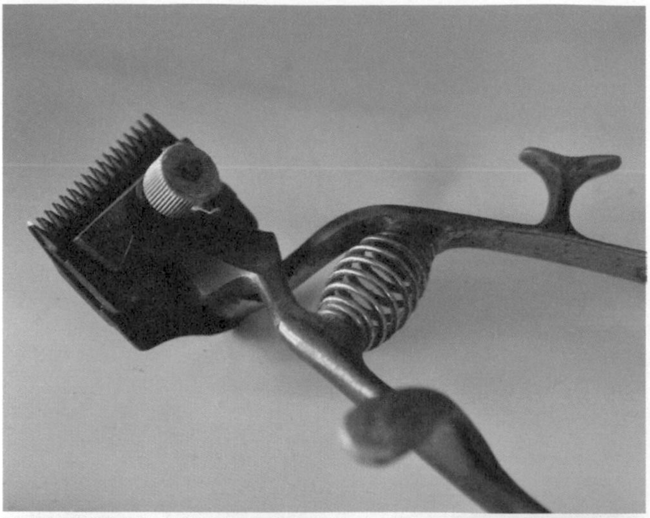

遠從花蓮來剪髮，年輕人笑著說：「小時候被剪慣了，回鹽水故鄉，就覺得要來剪一剪，好像有一點懷舊，但是，也是尋找舊時的溫暖回憶。」另外一個阿明仔的兒子，也趕來剪髮，

他們都是阿嬤從小看著長大的孩子，一瞬間，孩子長成了，一瞬間，成家立業了，再牽拉提攜著自己的孩子來理髮，代代之間，素玉阿嬤審視時間從指縫中流去，阿嬤有點感慨地說：

「年輕的孩子們出去了，就不再回來了。」每個孩子，還有年輕的媽媽帶孩子來剃頭都叫她：「阿嬤、阿嬤！」所以，每次聽到剃完頭的孩子離去時說：「阿嬤再見！」是很有成就感的。來店的顧客，最老的客人水滿伯，一家五代都是素玉阿嬤剃的頭髮，看著來店的孩子日日長大，素玉阿嬤很肯定地說：「我會繼續在橋南等他們回家！」

阿婆仔炊粿、唱歌，搏感情啦！

轉到里長伯林火木的家，里長伯在中正路上販賣杏仁茶和鹹粿、肉燥粿，開店五十七年，每天早上四點半就開始營業，大約早上十一點收攤，傳統炊粿的製法，是社區裡信賴的店家，採訪那天，里長嬸張美珠請我吃了一碗鹹粿，她很客氣地說：「里長伯的父親剛過世，根據習俗：家有喪事一年之內，炊粿都不會好吃，真的，這粿實在沒有以前好吃。」但是她仍然很熱心地帶我們到家裡廚房看她炊粿，廚房裡燠熱無比，里長嬸正在炊粿，這炊粿的老技術，是她嫁到橋南時婆婆教的，她一步步解說時，婆婆林陳彩霞坐在灶邊添柴火，兩人都汗流浹背，卻毫無慍色，橋南里的里長嬸一邊揮汗，一邊用大嗓門對我說：「做了三四十冬熱烘烘的灶腳工作，現在竟然成了『國寶』，給人採訪，給人拍照，真稀罕！」里長嬸個性豪爽，「漢草」（體格）很好，提桶、倒鍋俐落無比，勤快俐落的她，與靜坐灶前升火的阿嬤正是兩種典型臺灣女人的寫照。小小的空間裡，嗶嗶剝剝的柴火，散發一股小時候熟悉的焦香，竟使這廚房十分可愛了。里長嬸炊粿，訴說的是女人認命的樂觀。

來到志工隊長翁美玉家，翁美玉人稱「甘蔗嫂」，她的嗓門與熱情和里長嬸不相上下，甘蔗嫂每週在社區發展協會擔任兩天志工，在

	1
4	2
5	3

1　早餐店的煎粿。

2　米漿。

3　里長嬸在炊粿的過程。

4　米漿加熱時要把結塊的部分攪散。

5　靜坐灶前升火的阿嬤。

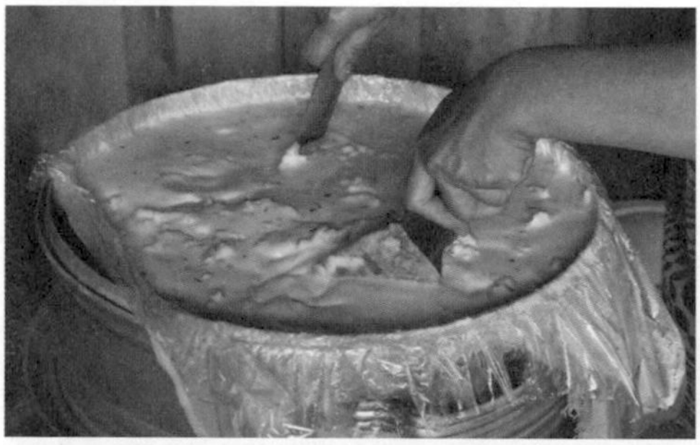

關懷據點裡為唱卡拉ＯＫ的居民服務，全年無休。只要社區活動，她就是第一個讚聲的生力軍，無論是在廟埕煮四、五百份的肉羹，或是端午節包幾百斤粽子，只要鄭理事長央託，甘蔗嫂就會全數發落，她有時還幫忙學校運動會在廚房煮食，每星期四也在小學擔任導護。從甘蔗嫂熱情爽朗的談話裡，能感覺一股相信、投入與愛的力量，這就是橋南社區動起來的幕後力量吧。

期待，老街的新生

在老街御前清客的門前有一對聯：「月映斜影天流水，津港璀璨凌波仙」，月津港的歷史，彷彿凌波仙子，凌塵踏步走過風華，歷史總在彈指間，就轉換了。璀璨的生命終究難逃衰老，然而，萬物生生不息，每一次的波谷，都能再見高峰，重要的是，現今社區裡的居民對於過去的歷史文化能永存一分自信的驕傲，並且化成再生的力量。現今，鹽水已成為「蜂炮」的代名詞，每年月津港燈節，點燃新燦的版面，橋南老街，在這一波以文化推動為主軸的社區總體營造裡，老街的新生與風華是很值得期待的。

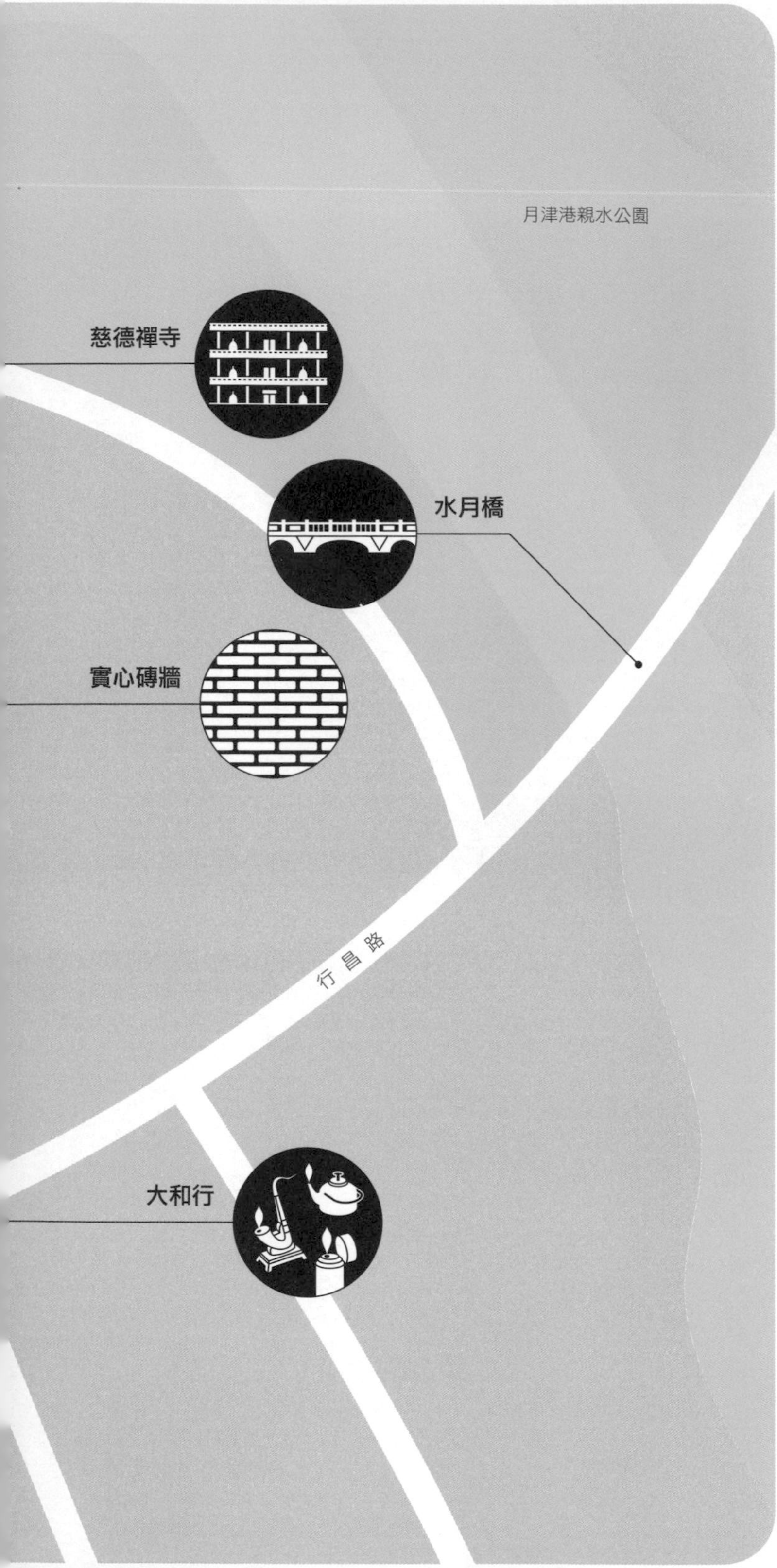
月津港親水公園
慈德禪寺
水月橋
實心磚牆
行昌路
大和行

中正路
康樂路
興隆橋
北帝殿
泉利打鐵舖
御前清客
客清前御
李家古厝
咖啡美食館
石敢當
素玉阿嬤的理髮店
橋南街
窗庭
行昌路
社區關懷據點
南門路

2

安平

國平社區

愛戀我們的桃花源

朝暾微熹，陽光糝落
農場的花草一一展顏
美麗的田園交響曲
在社區裡寫成一派
向上爭取陽光的綠意

史

新故鄉認同

清晨，國平社區農場聚集了一群晨興理荒穢的居民，他們是現代陶淵明，彎腰除草的身軀形成一道親土的線條，亮白的陽光將綠意喚醒，露珠收拾最後一道晶亮，滑入菜圃、棚架間歡欣的笑聲裡，這裡的空氣，顯得特別晴好，因為他們擁抱一個返璞歸真的夢，耕耘心中的福田。

國平社區原屬臺江內海，明鄭時代臺南的海岸線在永福路一線，古蹟「大井頭」早年為船隻停靠與淡水補給之處，兩百年前，這裡是一片海汪汪的潮湧之地。一八二三年曾文溪氾濫成災後逐漸成為海埔新生地，有魚塭、鹽田，

一九八〇年後，魚塭填土、建地，都市重劃為五期都更區，陸續遷入居民形成外來移民的新故鄉，用「滄海桑田」四個字來談國平社區，最恰切不過了。國平社區為新興都會區，居民大多從事工商業，有速食店、7-11、咖啡店約二十家，另有大潤發、小北百貨量販店，及大型宴會式場東東餐廳、富霖餐廳，區內亦參雜八大行業，整個社區展現多元的經濟生活型態。

本社區原為魚塭，自然環境呈現著現代化建築與濱海生態共存的景觀，有臺南運河河口水生植物，濱海養蚵賞鳥區、安平港與跨海大橋，戶外空間則有府平公園、崇仁公園、國平社區農場、石頭公園、國平里活動中心，社區內有生態濱海運動休閒生活圈，且瀕臨臺灣最早的安平港歷史風貌園區。目前社區居民大約九千人，來自臺灣各地，由於是海埔新生地，因此社區內完全沒有老建築，是典型的都會人口結構與生活方式。多年前區內曾因擬設變電所而激發區民共識，進行公民活動，事件之後，為培養社區居民對土地共同體的意識，且凝聚向心力與認同感，黃華男先生遂於二〇〇三年創辦國平社區發展協會，並擔任首任理事長，二〇〇七年臺南海事學校退休主任林志忠，應黃理事長及林國明區長、許原哲里長所託，擔任社區發展協會第二任理事長，八年來在林志忠理事長與居民共同努力之下，二〇一二年獲得臺南市綠社區培力計畫環境改造工程第一名，吸引各地來此觀摩學習，社區總體營造呈現欣欣向榮的成果。

事

新農民生活

國平社區最膾炙人口的成果是城市農場，這個農場位在國平路尾，靠近建興國中棒球場的畸零地，共有四百坪，目前約有三十戶認養農地，二〇〇九年社區文化的學習方式轉向以植物為主題，先從認識社區植物生態出發，內容包括植物與生活空間，生態保護與環境管理，植物與歲時，有機菜園學習。二〇一〇年開始整地將堆砌廢棄物清理，趕走橫行的野狗，開闢農作區與生態觀賞區，農場內採有機耕作，提供植物與居住，植物與器物，植物與醫療，植物與育樂，植物與神話傳說等等多方學習平臺。這個農場不僅是耕作學習，更是社區景觀的田園美學，藉著農場的運作，建立人與土地的親密關係，在「辦桌慶豐收」的農場舞臺劇活動中更蘊涵著家庭倫理的親子關係。農場中依四時種作，夏天種絲瓜，冬天種草莓，沒有種菜經驗的社區夥伴，因為參與實驗農場的種植實作，得以一償「晨興理荒穢，帶月荷鋤歸」的田園之樂！農場裡還有種橘子、枇杷、百香果、蒲桃，正好可以當作認識植物的課程教材。

幾年前八八水災曾重創略有規模的菜圃，颱風過後，幼苗夭折，水土流失，毀於一旦，這個慘痛的教訓，使他們檢測了農場經營的水土保持與土地養護的重要，面對瘡痍滿目的農場，他們大手牽小手，重啟爐灶，終於將綠意與生機重新找回。現今，每當日升日落的時刻，都可以在農場裡見到一群正在澆水、拔草、鬆土，或者是閒話家常的人，農場成了最好的關懷照顧之所。這個社區農場也朝向藝術化經營，農場內的裝置藝術盡量以原木來呈現樸素的鄉野感，每天俯仰其間，用雙手耕作的居民，藉此產生人跟土地的、人跟環境的對話，透過土地的媒介，產生綿密的關係。

黃瑞竹理事說：「參與農場的因緣際會，讓我體會了『一分耕耘，一分收穫』的真諦！」

杜秋月老師說：「我們這一群不騎馬不拿槍的人們，胼手胝足，手握圓鍬、鋤頭，在豔陽下，揮著汗，一鏟一鋤，在國平社區上演了西部開拓史，將一片荒蕪蔓草之地，開墾成稍具規模的菜園。如今，菜園綠油油，我們也品嚐豐收的成果。」

陽光西斜，清風徐徐吹送，彩霞滿天的時分，絲瓜棚下，一壺熱茶，茶香四溢，大家說著自已種菜的甘苦談，都市農場，推動綠色社

2985

1
2
3

1 在法院的對面，即是社區農場，一片綠意盎然的桃花源。
2 廢棄輪胎一樣可以再利用為種植的花器。
3 利用原木製成的木頭人是農場的守護者。

區的新農民生活，結合樂活風潮，提倡社區運動與環保永續農業，社區開心農場開闢後，人來了，每天有人注意整理環境，然後一群群來種菜的人，聊每天的心事，交換生活的心得，他們在這裡找到互相依託的安慰。

樂齡課程選單多

社區裡每個星期二上午的課程有電影欣賞、園藝、烘焙、手工藝等四種課，以協同教學完成。電影讀書會選播《血鑽石》、《送行者》、《逆轉人生》、《多桑的待辦事項》、《爸媽不在家》、《盧安達飯店》等六十多部具有省思意義的電影，透過影像閱讀與討論，交換人生心得，這類型的閱讀包含關心世界宗教、種族、文化、人性、社會問題，藉課程完成學習型的閱讀社區。園藝由現任吳忍耐理事長擔任講座，課程中也特別聘請臺北來的植物園專家，劉老師以照顧植物園的經驗，教導居民認識園藝植物及養生，提供豐富的社區樂齡課程。烘焙課程由現在中華科大進修的杜秋月老師授課，杜老師原先是做壓克力事業的老闆娘，參與社區課程時，向海事學校食品科老師學習，之後，憑著一股熱誠學習，更上層樓，目前已通過西點丙級以及中西餐各項檢定，舉凡綁粽子、做香腸、臘肉等都樣樣精通。藥妝美容及手工藝則由蔡麗瓊老師擔任，蔡老師唸的是化妝品科系，教導學員如何提煉絲瓜水做面膜，她原是清水人，又是醫生太太，但是她不帶ＬＶ包，不喝紅酒，而是喜愛在社區手工藝課程裡，分享製作面膜、化妝品的常識教育，提供終身學習與生活結合的樂趣。社區的多元課程進行時，每人繳三十元，訂一個便當，使用者付費，大家留下來，一起用餐，同桌吃飯聊天，平添生活無限樂趣！

集體記憶的嘉年華會

社區劇場是由林妙香老師以及一群熱心的志工所完成，社區協會未成立之前，林老師早已每天在府平公園教人打太極，參與人數約有一百人，透過太極拳成員，每天早上這個訊息交換中心，發揮強大能量，無論是文化局、觀光局，以及社區旅遊揪團，都能準確放送、迅速傳遞。林妙香老師在府平公園教太極拳，簡易的健康操十八式參考國術、香功、韻律編排，每天運動一小時，健康守護一生，林老師說：「健康就是寶，健康用錢買不到。」所以每天值得來府平公園動一動。學員當中還有高齡八十七歲的蕭老太太，運動起來不輸給年輕人，很令人讚佩。最近，課程改成較流行的太極健康操。在社區劇場組團時，林老師能身兼導演及教舞等數職，社區劇場是很有意思的歡樂嘉年華會，每次依照邀請主題，群策群力編出十分Q版又夯的劇碼，演出社區劇場時以「人越多越好」為考量，這是全民運動，讓很多人有參與感。以「劍獅」為主題的組曲，有人舞獅、有人拿標語，不用彩排，個個都是主角，「小蘋果」劇，輕快俏皮，就像演自己一般簡單，「內山姑娘要出嫁」，抬轎的，拿旗子的，拿劍獅吉祥物的，提著謝籃、戴面具的，場面熱鬧，林理事長說：「功細不細不重要，站出去就是了！」有一次劍獅祈福慶秋收，缺一個乩童的角色，在太保衛生所擔任主任的鄭玄醫生，花臉一畫，把乩童演得有模有樣，讓大家樂不可支。二〇一四年「劍獅嘉年華會」踩街時，十位劍獅、十二位跳獅舞、舉長牌七位、加上活靈活現的大獅頭，三十八位社區長輩，其中十七人超過七十歲以上，所到之處，賣力逗趣演出，沿街贏得許多掌聲，小孩也一路跟隨，喝采說：「阿公、阿嬤加油！裝扮得好可愛！」社區的劇場海納各種混搭風格，非洲鼓、太鼓、嗩吶、鑼鈸，「熱鬧就好、居民喜歡就好！」因此造就成功的社造嘉年華！

利用安平劍獅繪製的衛生宣導看板是社區自豪的設計。

是人，讓一切美麗了

社區目前六十五歲以上的老人約占百分之四．五，人口老去的程度逐年增加，未來，社區要以永續經營的概念讓美學文創與藝術介入社區空間，更重要的是，留著社區居民心中美好的記憶，二〇〇八年開始繪製社區的地圖、二〇一四年製作社區繪本，二〇一五年也開始進行社區老故事的影像紀錄，給每個長者一個相簿，鼓勵每個人說自己的老故事，讓他們寫下紀錄的文字，氣功學員李芳梅說：「三十五年前的冬天與同事帶著兒女到士林雙溪公園，走過園內的水池、步道，假山、流水、涼亭，還有長長的迴廊，相片中的兒女都已成家立業，各有子息，而媽媽們早已是快樂的銀髮族了。」時光匆匆，老照片裡，有家人親愛的細節。張松雄先生說：「拍攝於民國四十四年的全家福照片，讓我想起母親勉勵我：家中既無產業可繼承，唯有讀書升學才能出人頭地。」高文生先生用一張穿著空軍軍服的老照片，懷想自己第一次到澎湖，強勁朔風吹襲在身上連吹帶跑的奇異經歷。往事，並不如煙，透過每個人敘述的原鄉「留住你我記憶的老故事」，記憶在，人就在，讓每個過去的原鄉在這塊新故鄉裡，生根發芽、茁壯，那是很溫存的軌跡。

在社區裡還有一個「化破敗為美麗」的活動，就是「肯氏蒲桃季」。肯氏蒲桃是來自南洋的樹種，由於它不易竄根，因此市府大量栽植成路樹，然而，每到六至八月落果時，熟爛的果實亂七八糟砸了路車，掉落的敗果讓路人騎車滑倒，因此居民怨聲載道，林志忠理事長說：「遇到環境問題，我們只能想辦法去面對或改造它，態度，決定應對的方法！」肯氏蒲桃成為國平社區的路樹，是本來就存在的事實，所以如何與之共存，並且應用，就是智慧！國平社區的居民在中秋節前後舉辦肯氏蒲桃親子採擷活動，透過採擷活動讓大家認識環境生態，親子同樂的活動也增加上下兩代的互動，摘下來的肯氏蒲桃做成冰沙或果醬，酸酸甜甜配上豆花，招待前來觀摩的其他社區訪客；做成織染，每條手作花巾都是藝術品；若釀成肯氏蒲桃酒，據說有抑菌健身的效果，化腐朽為神奇，與環境共生共榮，就是成功此例！

讓我們勇敢老去

對於社區未來展望，整體而言，國平社區還是以高齡照顧為核心區塊，生命終點的安排是未來著力的點，投注老人長期照顧，讓老人安於在地老化，是社區最值得經營的慈善事業。年老，是不知不覺中就會到來的生命課題，社區的安養、安寧，已成為不可不正視的課題，從社區日照、長照、以至於安寧是一段長時間的安養之路，社區必須以「老者安之、少者懷之」為理想，對於老年的照顧是責無旁貸必須擔起的，國平社區目前在每個月最後一個星期二，實施健康講座，市立醫院醫生群以專業資訊來講述健康照看觀念，這是社區必須關切，而且刻不容緩的課題。讓每個生命安然老去，是很重要的，成熟的社區就有責任照顧生命的共生、共存、共養，以及安老。年輕，如何花開燦爛？壯年，如何挺拔茁壯？年老，如何安然止息？這些議題，放在任何社區去實踐，都是從無到有，所以，國平社區正以努力的心，

健康三路上的肯氏蒲桃。

創造自己的圖騰。

人

就像海一樣遼闊

從二〇〇七年到二〇一五年，是國平社區，走出規模與制度的關鍵八年，這一段期間，總有一個匆匆奔走、事必躬親，無怨無悔的身影，穿梭忙碌，是他，使得社區的農場陽光普照，讓居民走入節慶活動，也讓一期又一期的社區報，紀錄國平社區點點滴滴的記憶，他，就是剛卸任的林志忠理事長。

「海，把我帶到這裡，那麼我就讓大家認識海的力量。」林志忠理事長，原籍澎湖，父親林泰寶校長從福建泉州安溪移民來澎湖，母親世居澎湖家業從事製餅行，林理事長出身於教育世家，後來又擔任教職，直至退休，教育的思維，影響甚深。林理事長說：「教育是百年樹人的事業，因此，我一生所行事，『人』，是很重要的核心考量，什麼事，對我身邊人是最好的，那麼我就去完成它。」出自於對人的關愛，林理事長廣納資源，溝通協調，一如海納百川，因此，在他擔任理事長八年來，國平社區的發展與核心感，終見規模。

林志忠理事長回憶小時候澎湖生活的記憶，他說，擔任國小校長的父親一生中也沒教他什麼大口號，父親只是讓他明白，覺得對的事，就要去做，而且把它做好。在澎湖時，他先在國中教學，後來轉到澎湖海事水產職業學校，林理事長說：「我喜歡用最簡單有效率的思考去處理事情，當時家住西嶼，騎車到國中上課，要三十公里，如果到澎湖水產學校，只要兩公里，所以，當然要轉換工作環境了。天下事，都是一樣，找出最省力的原則，就可以做很多事！」任職八年，由於待人勤勉誠懇，深得同事愛戴，當時校長調職到鹿港高中時，就邀請他來到臺灣，擔任該校的實習處主任，人生是一個巧妙因緣，這一個樞紐打開之後，很多的環節都一步步打開不同向量的窗口。他跟著校長從鹿港高中到苗栗高商，最後來到臺南海事水產職業學校，二十幾年生涯，易地而居，對有些人而言，是漂泊，對林理事長來說，彷彿經歷一次次的奇幻旅程，他不畏驛動，並且展現落地生根的活潑力，在每個居住的城市，開花結果。談起這些經驗，他總有一份爽朗，流浪的生命對他而言，是「無論天涯與海角，大抵心安即是家」的坦蕩。

隨君遠行的勇氣

談起一生的際遇，以及現今在國平社區的經營，林志忠理事長總不忘提及他那勇敢的妻子：吳忍耐老師，也是現任社區理事長。中文系出身的她，在一生中忍受一再遷徙的際遇，林理事長說，初到臺灣在鹿港任教時，他想起遠在澎湖的妻子，隻身帶著兒女遠在海那頭，心裡真的無限難過，從鹿港到苗栗、臺南，走遍海邊、山間、城市，默默跟隨的妻子，沒有怨言，沒有埋怨，一樣隨遇而安，現在又是國平社區農場的主力軍，「有時想想，她有著了不起的毅力！她說人生易地而居，是蠻有意思的」，帶著這份心，吳忍耐理事長走過一站又一站的新故鄉。「我的妻子相信只要『家』在，就好了！」沒有埋怨，一樣隨遇而安，也許是有這份安心的力量，才讓林理事長一步一步勇敢遠行，終於來到臺南落地。談到這裡，吳忍耐老師湊過來說：「我現在最擅長的是種菜、除草，早已經忘了自己是中文系的人了！」

林理事長曾提及他一生中最沉重的事件是

1 林志忠前理事長。

2 吳忍耐老師。

有一年鹿港高中輪機科的學生，到日本漁船實習時，跳海去世了。為了身後事，他遠至臺北中和的學生家中與家長溝通，那一次沉重的任務，讓他深深覺得，教育現場其實有很多難以克服的變數，但是無論如何艱鉅，林理事長說，只要是真誠待人、重視人與人的互動，那麼，就會讓別人看見感動的誠意。那一次家長也沒有責怪，只說，要一張學生的畢業證書。送去那張畢業證書時，林理事長彷彿把一個年輕生命送走，心中有無限遺憾。

今年，他剛卸下理事長的職務，但是繼任者是自己的妻子，當然，重責大任仍然不能免，所以，每天林理事長還是匆忙奔走於社區間，修水管、架竹籬、收拾農場大型垃圾，帶太太到安南區買花卉做上課教材，並且擔任調解委員會委員，忙得不亦樂乎！林理事長說擔任調解委員，也讓他看盡人間百態，「人性、人生都是參不盡的課題！」過去他曾經認養法院勞動役，這期間也是他觀察人性的歷練，他發現偷盜的慣竊，一向最難根除劣根性，而酒駕肇事者常是大車拼、輸光認賠的好漢為多，八年的理事長歷練中，他以服務與學習的態度，讓自己也能日日成長，在學習如何與長者相處的過程中，他覺得自己最大的改變是：不再堅持己見、不再凡事要求別人、可以理解別人的想法意見與行為，林林總總的經驗談，是說不完的社會學。在這農場，微風徐徐，林理事長臨風暢談，社區像他的家，說不完的家事，化成一份溫馨的娓娓細語。

一個人從哪裡來的，那原生的生活背景、人生想法、思考方式、價值觀念都會是過去的顯影，原生的澎湖，讓他在社區分享課程中會談到島嶼、地質、冰河、原住民，鹿港讓他與父親的家鄉泉州的連線，做社區服務老人，就跟服務學生一樣，替他們思考，所以，教育背景，更讓他學會體貼人。所以，能成為人人愛戴的理事長。

林理事長說，每天來到這裡，農場裡喜鵲早上過來對我鳴叫，池塘裡，活水生態，魚兒自然繁殖，農事本來就是做不完的事業，東摸西做，一天日升日落，時間悠然而過，「日出而作，日入而息，帝力於我何有哉？」他正實踐一個初老的美麗人生。

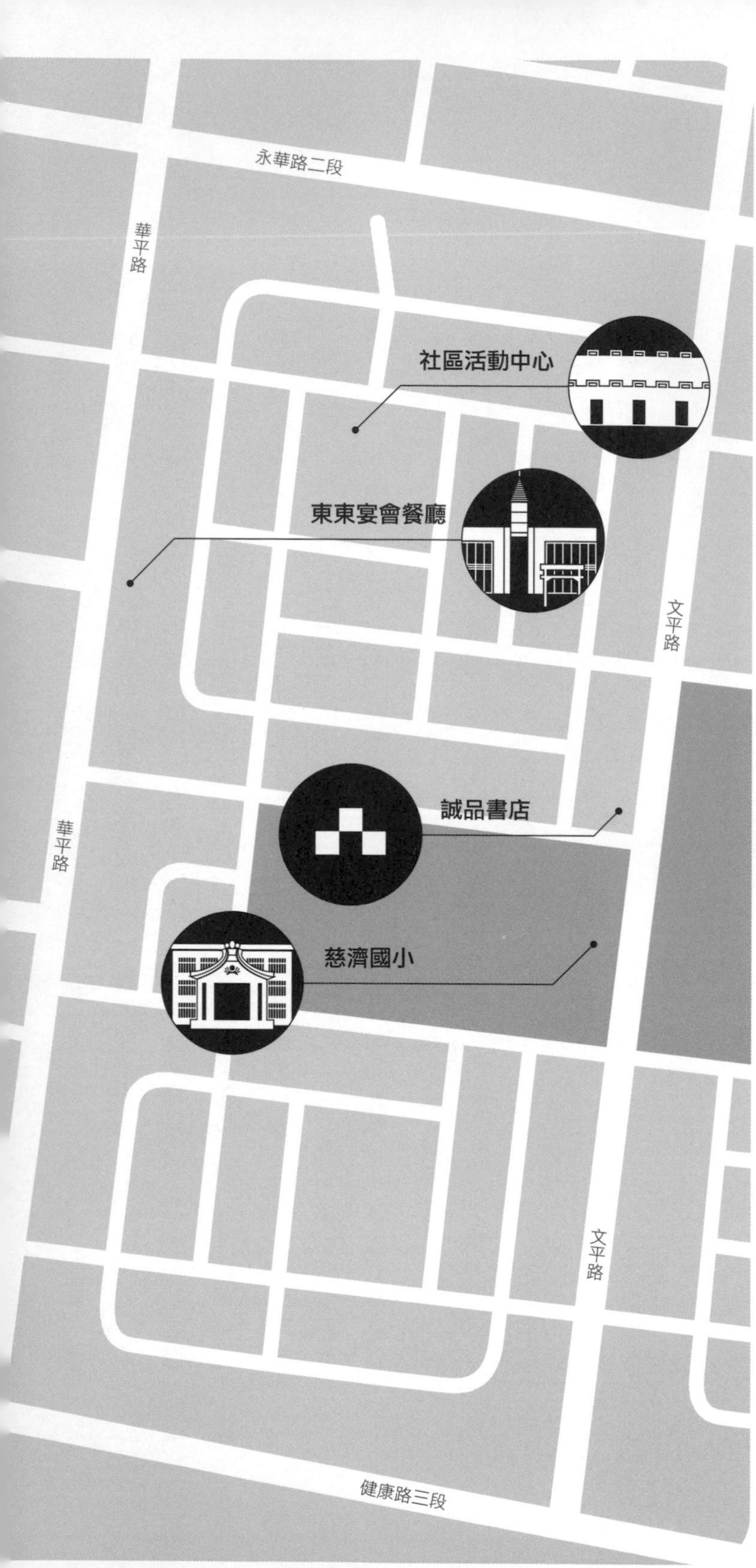
永華路二段
華平路
社區活動中心
東東宴會餐廳
文平路
誠品書店
華平路
慈濟國小
文平路
健康路三段

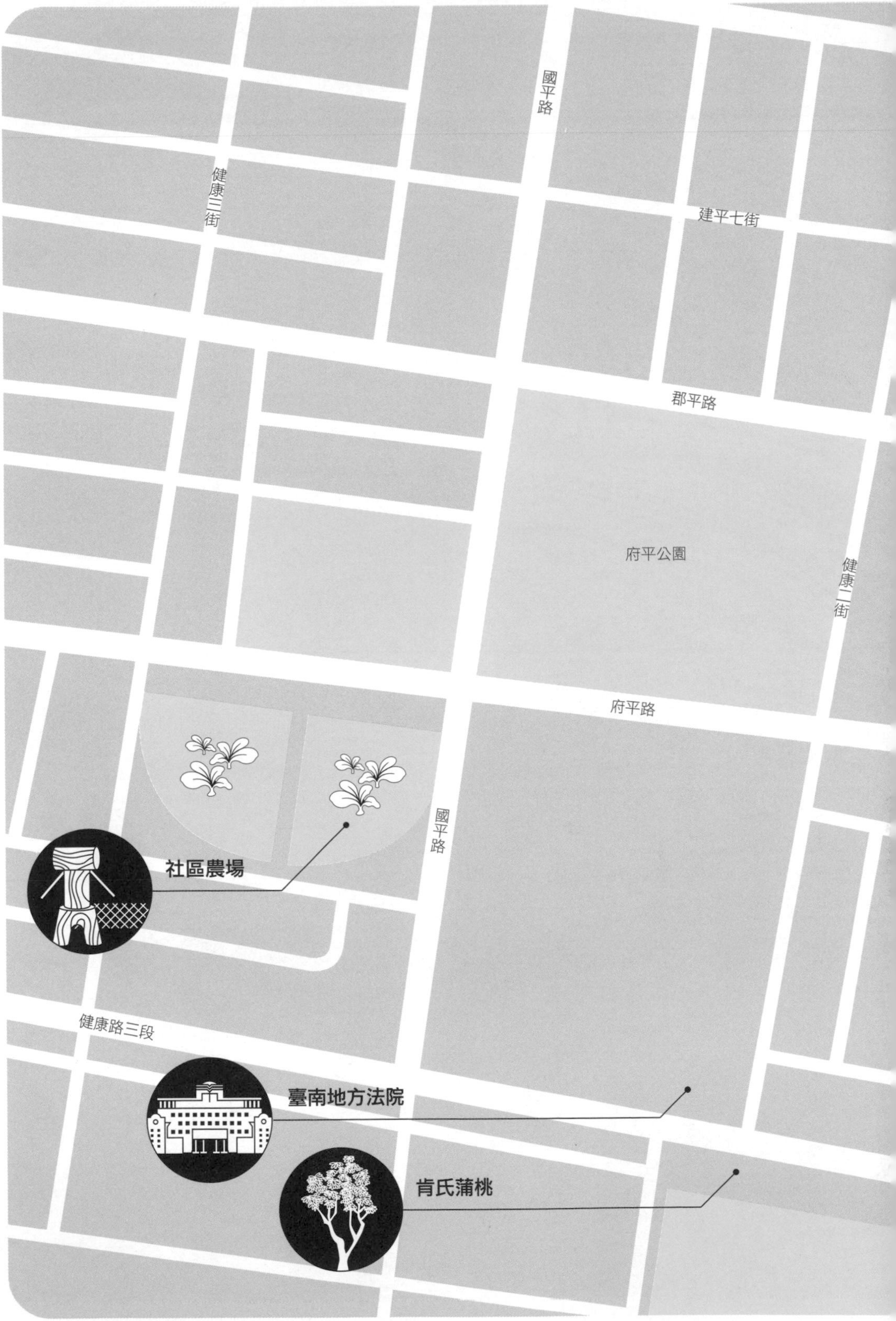
國平路
健康二街
建平七街
郡平路
府平公園
健康一街
府平路
國平路
社區農場
健康路三段
臺南地方法院
肯氏蒲桃

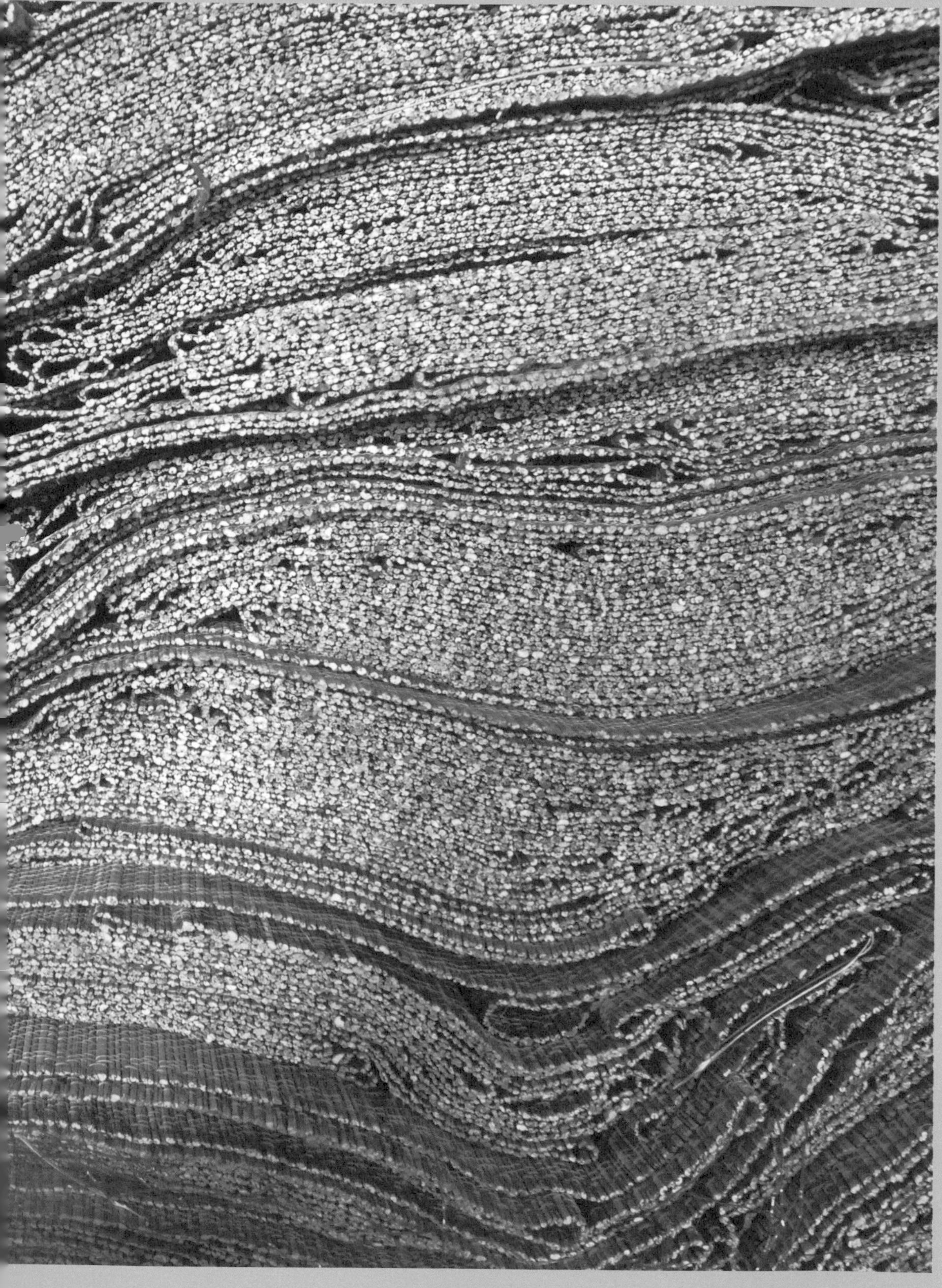

3

西港

樣林社區

就是那麼愛「樣」

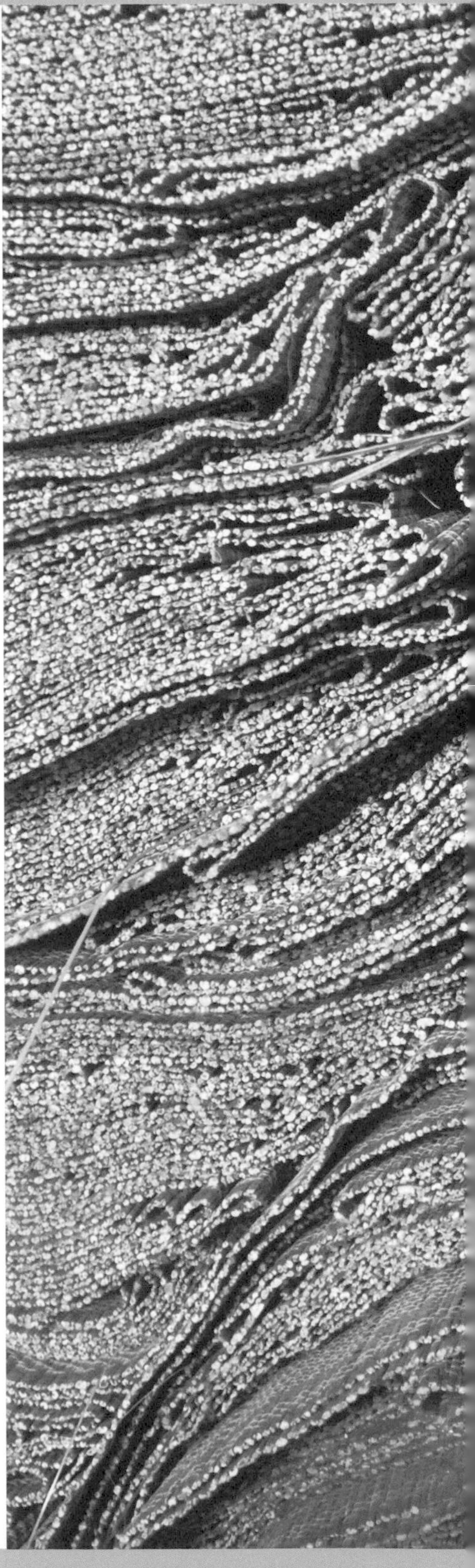

鑼鼓點陣

諸神的信仰起駕

鳳安宮的宋江陣

保安宮的牛犁歌

喚醒胡麻花開

編織一席席藺草的芬芳

史

和青暝蛇共生的村落史

曾文溪，古稱青暝蛇，未整治前經年氾濫，是棲身溪畔居民的困難，氾濫的河道改變居民的定居處所，在此，遷村史是複雜而多變的一章。早先居住於堤防內的村落附近種植大批排成八卦形的土芒果，所以有「檨林」之名。現今檨林社區由檨仔林、五塊厝仔、新檨仔林、社仔、太西、三合寮仔、中周寮、東竹林等八個庄頭所組成，庄頭姓氏不多，各有神祇，廟宇林立，居民純樸，相處融洽，社區已有五百多戶。

檨林社區各部落的來由，皆有傳說。太西，古稱「潭底庄」，據太西北極殿壁上石刻所記：「朔至天啟丙寅，由丁泰先輩……隨身帶來神像保護渡海來臺灣，早年皁頭庫登陸，駐進潭底庄後世代奉祀……」當時神像，即是大上帝，而考證所知，最早住進的先輩為丁泰之父，丁辛生。丁泰是從事牛車製作與修繕的師傅，牛車是早期社會重要的交通運輸工具，因此，外地都以「泰師」稱之，後來就成為當地的名稱了。

檨仔林聚落早在一七一七年《諸羅縣志》即有文獻記載，開基祖謝兩水由蘇厝移居而來，據《西港庄概要》所載，一八一四年前，檨仔林人瀕臨曾文溪西北岸，曾文溪時常氾濫，因而村落曾有遷移。一九三三年，日本人整治曾文溪，檨仔林劃入行水區內，於是全聚落被迫遷村，據說當時房舍皆以竹子蓋成，遷村時，村民同心齊力將房舍從舊地遷到新村，依戀故居之情、眾志成城之力，讓人佩服。遷移至今的新部落，仍以「檨仔林」為名，現址的檨仔

林當時為規劃新部落，庄內道路整齊。老一輩人記憶中的檨仔樹，隨治水工程，消溢於汪汪水流中了。

蘇厝與檨仔林社區在曾文溪岸工程未整治前，是連通一起的，至於由東邊寮、西邊寮、中周寮合併而來的三合寮，為壯大每三年一科的陣頭氣勢，於是三庄一體。東邊寮，舊稱「社仔」，兩百年前杜善守是由臺南灣裡移居而來，是檨仔林最早的居民，目前杜家已繁衍到第七代子孫。相傳早期鳳安宮廟會，社仔並未參與，不拜拜、不設宴，所以作醮時入庄的乞丐，乞討無憑，所以此地有諺語：「厝前厝後攏有份，那會恁這無份？」中周寮名稱由來是庄北有李姓、郭姓為主的三合寮，庄南有八份部落，中間是周姓居民，因而稱「中周」。檨仔林的西南方，遍植刺竹、綠竹和「長枝仔」竹林，聚落因在竹林東側，故稱東竹林。

傳說，是先民共同的夢

檨仔林民間傳說提及此地原為福人福居的龍脈地理，清乾隆年間的臺灣府知府蔣允焄（人稱蔣大老）來到庄內，發現有一抱大刺竹，一年只發一支新幹，這抱刺竹的根脈連通到安平一棵大榕樹，天氣晴朗時，從安平方向望去，會看見冒出一支「華蓋」（古代帝王用來遮陽的龍傘），從檨仔林往安平望去，大榕樹則神似一座「龍輦」（皇帝乘坐的轎子），蔣大老因而施法術，敗此龍脈。另一傳說則提到，當年荷蘭人為免除曾文溪崩溪，先在地下埋一口鼎，鼎中點一盞燈，然後再覆蓋一口鼎，這種「鼎中鼎」護持著不滅之火，藉此確保曾文溪不再崩溪，然後在地面上遍植檨仔樹。鼎點燈、岸植樹、常祭溪等儀式因而護佑檨仔林一帶不再為水患所苦，然而好景不常，檨仔樹居然在百年之後變成樹精，魅怪禍害庄民。當時莊姓人家號召為庄頭除害，正要動手砍樹時，手持斧頭的庄民，竟當場暴斃！眾人大駭之餘，只好請法師祭牲作法，終除樹妖，奇異的是，檨仔樹連根拔起時，「鼎中鼎」的那一盞樹火，一如傳說：「百年未熄，終年有光」，只可惜，

妖祟既除，檨仔樹神奇的功能也失效了。舊時人稱檨仔林為「隱龜檨仔林」，或許是因為早期此處交通不便，又為溪水所隔，「隱居」僻地所致，但在此處人們相信，「隱龜」是靈穴。蔣大老敗地理、鼎中鼎百年護持明火等傳說，

鳳安宮外的剪黏金爐。

是不能以科學實證的，但是，先民相信故鄉是天時地靈所居的好所在，愛鄉愛土之情，就不言而喻了。

在諸神的喜悅裡

檨林社區的神祇信仰主要分成：檨仔林、五塊厝仔、新檨仔林有鳳安宮，社仔、三合寮仔、中周寮有三安宮，太西有北極殿，東竹林有保安宮。因民間信仰虔誠，禮神、娛神活動繁多，每年各寺廟主神聖誕日皆有廟會活動，設宴、陣頭，彼此交流，因而奠定各庄頭友誼。源自於一七八四～一八二三年（清朝乾隆四十九年至道光三年）八份懿宮所舉辦的十三至三十六刈香，以及一八二六年後由西港玉敕慶安宮接辦的刈香，展延至今有九十六個庄頭，各廟神轎及文武陣頭參與，三年一科，從不間斷，技藝卓越。檨仔林鳳安宮有兩百年歷史的

宋江陣，東竹林保安宮有牛犁歌，每三年一科的文武陣，是諸民信仰所在，也是凝聚庄頭情感的力量。

宋江陣原是古時盜賊猖狂、民事糾紛頻仍，各個庄頭的務農壯丁為求保家安居，利用農閒時練武強身而興起的武陣，檨仔林鳳安宮原為姑媽宮香科時期十三庄之一，西港慶安宮接辦香科那年，鳳安宮宋江陣正式成立，當時聘請佳里番子寮洪師父指導，練武時腰纏紅腳

巾，此陣成立二百多年以來，紅腳巾傳承的標誌沿用至今。鳳安宮宋江陣造就多位傳藝師傅，早初是七位謝姓兄弟，自幼練習武術，各個武藝高超，人稱「七王仔」，當時在各角頭「老大仔」家設立「暗館」，夜間練習，每逢香科，再整編成陣，彼時師傅無論武器或拳術都十分了得。宋江陣第二代傳人謝金鎗、謝德旺受聘於高雄內門，第三代謝鳳亭受聘於安定新吉里，第三代謝龍蟬受聘於臺南安南區西南寮金獅陣，第三代謝鬧枝受聘於全省各地傳授武藝，而且還榮獲民俗技藝薪傳獎，其子第四代謝志忠也於二〇〇九年獲薪傳獎，謝西川現擔任鳳安宮宋江陣總教練，散枝開葉，對於民俗文化貢獻匪淺。

三合寮居民信仰的三安宮，供奉的池府千歲、李府千歲、吳府千歲、中壇元帥、黑虎將軍等，每年農曆六月十八日，為主神池府千歲聖誕，廟方籌辦平安宴，宴請各方信徒，是地方大事。眾神明安座共祀，護佑四方的信仰，是三合寮很重要的團結力量。

東竹林保安宮的牛犁歌陣，有兩百多年的歷史，表演時，主要的「丑角」與「旦角」都由小男孩擔任。據說，東竹林牛犁歌的牛頭為黃牛，而且「旦角」都由男生反串。宋江陣、牛犁歌都能反映早期農業社會，打拚與娛樂的常民生活。然而，現今社會結構更易，生活型態轉變，早期務農且凝定的生活型態，轉成流動不拘的工商社會，庄頭年輕人外出謀生創業，社區逐漸老化，廟宇與土地牽繫的人口結構，逐漸鬆散，因此，三年一科的刈香活動，從早期嚴選參與人員，演變到如今難以湊足人手，這也是各廟主委以及推動傳統文化工作者感到十分棘手的課題。雖則如此，民間的信仰，仍然是社區裡很重要的凝聚力量，在諸神的環抱裡，人們日出而作、日入而息，娛神舞陣，歡樂於斯、信仰於斯！

在曾文溪畔的生命之樹，有著神靈的傳說，至今仍枝葉繁盛地守護著檨林的土地。

事

老樹、老井與老厝的故事

檨林社區的太西地區曾有三株大榕樹，現今只存一棵，樹齡在二百年以上，據說早先曾文溪氾濫時，曾漂來幾尊神像，村民將之安置於榕樹主幹內，日久歲長，大榕樹層層包覆，現已見不到神像尊容，早年許多村民都曾目睹大蟒蛇出沒，因此，他們相信此榕樹內應有神靈修行，原先兩棵樹，一被請去普護宮奉祀，一被請去護持北極殿田都元帥的神尊，所以，相繼羽化枯萎。我親自去看榕樹的午後，老榕婆娑氣根，隨風吹拂，彷彿百年老丈人，呼呼地吹瞪鬍子，撥開層層樹根，往洞內探照時，彷彿有晶亮的球體在蠕動，謝文賢里長說：「噓！那是蛇蛋吧！靈蛇之蛋，最好不要驚動。」我們坐在樹下，揣想那洞內神靈氣場，重重垂幕的氣根，掩蓋了洞口的去路，當年安座於此的神祇是否還在？其實並不重要，長久以來村民是以尊敬的心意，看待這棵碩果僅存的老榕樹，洞深幽謐，蛇靈之說百年傳頌，土地諸神的護佑，村民們都虔誠信仰著。

在三合寮，有一株僅百年的木麻黃，百年來屹立不搖，枝葉旺盛，是村民津津樂道的精神之樹。在中周寮，靜立於嘉南大圳旁的一整

王家古厝。

排樟樹，樹身粗壯勝過電線桿，居民引以為勝。樹，是植地的景觀，也是在地居民生命中環抱的信仰。至於古井，也是先民留下的生活證據，謝文賢里長住家旁有一口古井，中周寮內三號住家三合院有兩口古井是社區內保存的古蹟。在東竹林庄內有一間將近百年的王家古厝，是現任屋主王福牛的祖父王經在一九三一年所建，正身五間造，護龍三間造，牆面有西洋花式，花瓶形式的窗柱，加上大廳門板淺雕螭虎圖騰、門楣有卍字連續透雕、雀替細雕飛鳳而成梯狀線條，穿斗式的棟架，斗拱之間的屏壁彩繪山水風景，都是大家氣派，傳承百年，至今仍有後代居住，是槺林社區內的建築活歷史。

1 斗拱。
2 斑駁的泥牆上隱約可見水墨人物。
3 透雕門楣。
4 雀替。
5 由紅瓦鋪滿的屋簷。
6 間雜空心磚的屋脊。
7 門外景致。

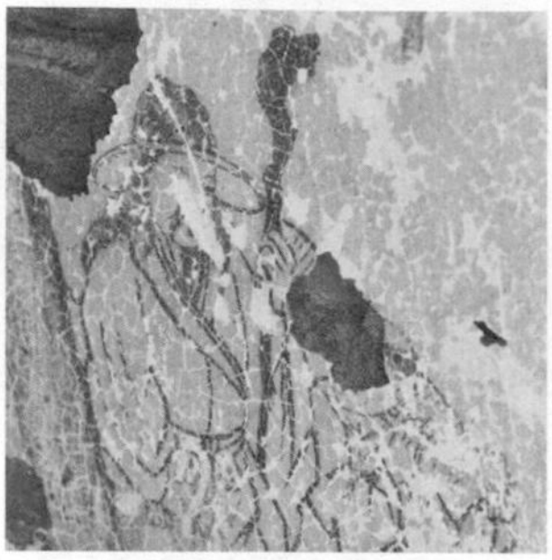
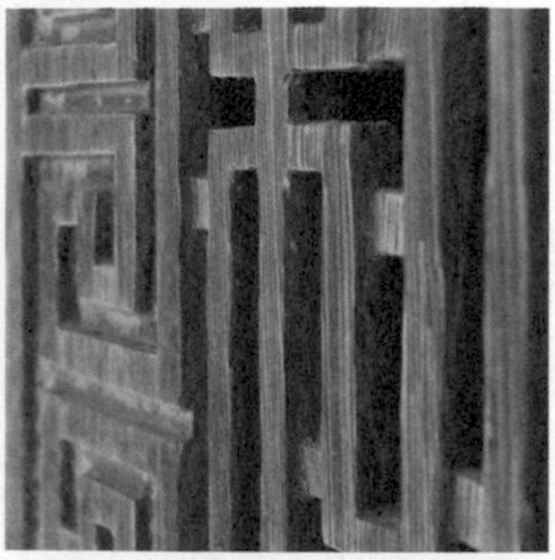

蘭草工坊的文創遠景

西港在地生活樣貌，是小民經濟，許多在地產業雖然平凡，卻與居民息息相關。樣林社區位於西港最東邊，現今居民利用曾文溪沿岸土地種植西瓜，每當三、四月西瓜生長時，必須將太密實的瓜果除去，簡樸的居民將淘汰的西瓜鹽漬成西瓜綿，拿來炒蒜頭醬油糖，或是煮鮮魚湯，都是幸福無比的老滋味，因此，成為社區特產。西港是盛產胡麻的大本營，胡麻榨油或做成芝麻糖，都是家家戶戶的常民用油與小吃，社區中有五位做芝麻糖的達人，各有特色，供不應求，必須事先預購，而且只有在地巷仔內的才會知曉門路。

東竹林部落在謝文賢里長努力下利用空地種土芒果，栽種芒果才能給樣林區正名，現今綠葉成蔭，結實累累的土芒果樹，已經成為村民散步的休閒場所，每當芒果初青時，採摘下來，號召社區的婆婆媽媽做成芒果青，所得經費作為環境維護及關懷弱勢，芒果青酸酸甜甜的滋味，夾雜著甜蜜與酸澀，是浪漫的口感體驗。社區目前舉辦多次以「芒果」為主題的採果樂、情人果初體驗、風味餐饗宴，活化社區的產業能量及觀光資源，是叫好叫座的活動。

在二〇一三年村落文化起步時，樣林社區提出蘭草文化的計畫，聘請張永旺老師擔任產業實習教師，帶領社區媽媽以蘭草製作提袋及零錢包等文創商品，謝錦郎理事長說：「社區媽媽創意潛力無窮。」負責裁縫工作的手工藝達人高金雲說：「製作每一個提包，針車、縫製都很費時，必須要有半天以上的工時。」另一位達人江姿錦也說：「傳統的蘭草，配上彩色襯布或蕾絲，傳統味就有了流行感。」舉一反三的社區媽媽們，還別出心裁地製作名片夾、識別證、手機套等等，目前蘭草編成的貓頭鷹，已成為樣林社區的吉祥物，手工縫製的蘭草包，散發出陽光曝曬後的獨特氣息，手提肩背，時尚而高貴，在臺南賴清德市長就職大典中，被指定為贈送與會嘉賓的伴手禮，經典款的藺草包人人稱讚，一袋難求，讓㨗林社區傳統產業揚眉吐氣。

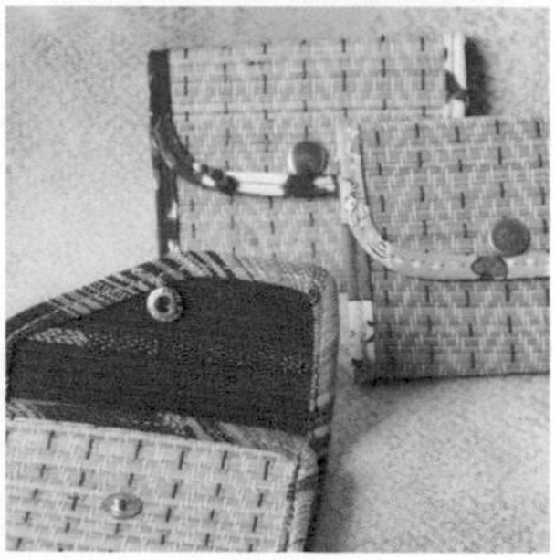

1 十一月的西港，是美麗的胡麻花季。
2 媽媽們親手縫製的時尚藺草包。
3 塗上養護油讓包包更堅固耐用。
4 藺草貓頭鷹。
5 縫上配好的花布，特製的藺草零錢包超吸睛。

人

守護千絲萬縷的愛

槺林社區有臺南地區目前僅存的一家製作藺草蓆工廠，莊振章老闆的茂興製蓆廠，已有五十幾年的歷史。早年農村社會，藺草蓆是生活必需品，「草蓆睡活人、蓋死人」，一語道盡早期草蓆與人民生活的關係。二十五年前鄰近地區新營太子廟、學甲一帶，還有藺草種植，藺草除了可以用來做草蓆之外，濕潤的藺草韌性很好，常被拿來做綁草料，綁粽子、綁金紙、綁螃蟹，後來種植藺草不敷成本，這些地方就不再種藺草，目前工廠所使用的藺草多是越南、印尼進口而來。現在草蓆已被席夢思床墊、竹蓆取代，傳統工業因此也漸趨沒落，然而，莊振章咬牙苦撐，希望不要讓這傳統產業失傳，藺草蓆工廠全盛時期每月營業額可以達到數百萬元，現在月營業額不到二十萬，利潤不及兩成，每月淨賺三萬元左右，是十分艱辛的產業。

莊振章的父親莊茂松，十六歲在新營當製蓆學徒，然後在林丙丁的工廠當師傅，當兵後成家立業，和家族叔伯輩一起開設草蓆工廠，三十六歲後獨自支撐廠務，一九七六年左右，草蓆業「火燒市」（生意興旺），莊父常說：「時勢造英雄，人在賺，天在成。」連著三年，生意供不應求，每年營業額上千萬，工人二十～三十人，每年初五開工，每天工時十二小時，一直做到大年夜，清明後，倉庫的貨物就被搶購一空，那時往往連原料都還在田裡沒找出來，就有顧客捧著錢來門口排隊、下訂單了。談起那樣的榮景，莊振章堆滿笑容說：「最美好的時代被我老爸經歷了！現在的我只能更加打拚

工廠的一隅，古老的機器依然每天奏著相同的旋律，編織著藺草的夢。

囉！」

「從國中一年級就和我爸爸一起做藺草，當時我父親覺得這個行業很有前途，就慢慢培養我的技能，自然而然就走在這個行業上了。國中時力氣還不壯大，和父親拎著一百公斤的線頭，一人一頭各五十公斤，就這樣，扛下來了。」莊振章說：「做事業、學技能，沒有竅門，戲棚下站久了，就是你的，我的功夫就是『浸』來的。」十八歲開始，他開始接手幫忙工廠，課餘或當兵休假，就回家幫忙，二十五歲和二十八歲時，父親安排他到大陸、泰國學習製蓆的流程，雖然耗費兩年的時間與金錢，但莊老闆覺得那是值得的，莊父說：「做人要摜牛鼻，不要牽牛尾。」能摜牛鼻就是抓住要領，學習如何建立草蓆製程，是那兩年的收穫。

三十六歲時製蓆工業式微，他頂了一輛小發財，兼差載魚飼料，用以養家，扛魚料、開長途貨車的工作很辛苦，工廠、載貨兩頭燒，有一次他在外縣市因開車過勞，送急診打點滴才撿回一條命，那段歲月是不堪回首的，但是想到維持家計，再苦，都撐下去了，莊老闆說，開車載貨的辛苦讓他體認：「我們賺頭家的錢，頭家是要我們的命。」但是人說：「不做，死一家；要做，死一個！」莊振章有著老一輩的認命與責任心，他說：「寧可累死一個，也不能餓死一家啊！」他記得四十二歲時，父親因為不忍心他的勞苦，勸他放棄工廠，但是從小看大的製蓆工廠，他仍然捨不得放手。在艱苦守

著本業的過程中，他體認到文化傳承是太虛假的口號，他覺得要有人需要、有市場，產業才能生存，所以如何藉著文創或行銷體系，讓藺草成為再生的農村工業，才是最迫切的努力方向。

在茂興工廠，可以看見藺草蓆完整的製程，編織草蓆是以塑膠線做為經線，藺草為緯線，一捲草蓆中的塑膠線約占百分之五，早期的草蓆塑膠線比較少，時代變遷後消費者喜歡美觀，所以穿插加入色料的塑膠線，在視覺上比較活潑。走入工廠，彷彿重回五〇、六〇年代的臺灣，工具室裡，將近百年的鐵砧板，敲得匡郎作響。製作經線的機臺，拉出一整排如蠶絲般的綿長細線，四十二轉軸同時輪轉，因為張力的拉扯，散發著晶瑩彩度，好像天女織布一樣，網成一個千絲萬縷的脈絡，在夕陽的照射下，形成有秩序的繁複圖騰，煞是好看。整好的五百多條線，置放線架上，架成經線，經過壓扁、裁剪的藺草，穿梭其間，交織成蓆，機器咔噠咔噠的敲撞中，一片片藺草蓆便成形了。莊振章來來回回走動，偶爾，停下機器，眼尖地挑出一絲斷線，然後，重新接綁、編織，我問他：「當機器開始運轉時，這幾百條線都要仰賴人工關照嗎？」「是啊！凡斷裂一根，就不是優質產品，當然要認真照看囉！不僅如此，織蓆時的角度，也要隨時調整，才會有一

絲線交織的網絡譜成藺草蓆的圖騰。

陽光下，晶瑩的絲線在西港的小小廠房中，
穿梭著歲月的堅持。

張讓人睡得安穩的蓆面！」壯觀的絲線，千絲萬縷在老舊的廠房，穿梭著歲月的堅持，年年歲歲，都鼓盪在西港小小的一個社區裡，那憨厚樸實的莊振章生命的脈搏裡，他不是個愛說理想大話的人，他只是堅持，而且身體力行地實踐他對藺草之愛的承諾：「只要有人用得到，我就會繼續做！」他的堅持，使得碩果僅存的藺草工廠，保留完整的藺草蓆製程，成為體驗教學與實作的場域，又加上樣林社區媽媽的巧手精工，製成手提包、仕女包，可愛版的裝飾品等等，時尚的催生下，讓藺草蓆重新找回春天，也成為樣林社區獨步的特色產業。

駛著牛犁仔唱農歌

慶安宮的陣頭三年一科，東竹林的牛犁歌，也是三年組隊，宋江陣為武陣，牛犁歌是文陣，它是農餘娛神的表演。「牛犁歌」又名「駛犁歌」，早期農業社會，駛犁是重要的農事，「犁」是一種農具，每當春天翻土時，農夫手持牛犁驅使牛隻拖拉犁耙前進，這種將牽牛犁田的景致，編成載歌載舞的舞蹈，就稱為「駛犁歌舞」。駛犁歌舞中所唱的曲子，即為「牛犁歌」。駛犁歌舞原先只是民間用來自娛的歡樂活動，後來將整個歌舞戲劇化成為歌舞小戲，在民間遊藝陣頭中演出，演出時，有丑角飾演農夫，旦角飾演村婦，另有一人戴著牛頭道具扮演耕牛，動作模擬農耕的狀況，唱詞多由男女情歌對答，詼趣逗笑中，展現民間無比的生命力。

東竹林牛犁歌的傳統相傳有二百二十多年的歷史，扮演牛犁歌陣角色的學童們，經過四、五個月密集訓練，參加「西港香」請媽祖遶境活動。目前，雖然許多地方的廟會都有牛犁歌，但是多是職業陣頭，或是以錄音帶來伴樂，只有西港境內自組的牛犁歌全部是自彈自唱，樂器人聲都是真材實料，實屬難得。東竹林是一個西港地區的一個小部落，大約只有二十戶左右，卻以傳承牛犁歌為使命，現今王家三兄弟以傳承牛犁歌為己任。

西港胡麻成熟時，家家戶戶的庭埕上都架起一束束的胡麻，等待陽光收乾水分，趁著這個空檔，王鬧允、王寶福、王永福三兄弟和我約在保安宮。初冬的陽光，還很熾烈，王鬧允老先生走進來時，全身都是汗，他抹擦著額頭上豆大的汗水，很靦腆地問：「你想問什麼呢？」莊稼人不善言辭，但是很誠懇地表示：知無不言，言無不盡。談話時王寶福走進來了，鬧允阿公說：「那是我大哥啦，他是弄牛頭的喔，很重要的角色哪！」王家，從阿公那一代開始，就一直參與牛犁歌的表演，父親王秋，兒子王世華，孫子王建宇，五代人，都和牛犁歌結了深深的緣分，第四代王世華擔任教練，王寶福說，最早是王阿香教導陣頭，之後王以衛接任，沒想到廟會表演前突然中風，於是王世華、王佳皇和村子裡的老輩就將每個人記住的腳步、手勢以及唱腔，一段一段找回來，三年一科，代代傳下去，他的孫子王建宇，就參加過兩科，直到讀國中了才放棄。現在，他的兒子王世華負責教導表演對答的國小學生的手勢、身段。至於助唱與樂器的部分，仍然還是村裡七、八十歲的老先生擔任助唱，事實上，阿公也有隱憂，因為，一旦他們不能唱了，這民間藝術，也許就杳然消失了。在不勝感慨的當下，王鬧允、王寶福兄弟在我和區公所蔡采真課長的央求下，親自演唱了「駛牛犁尾」以及「十二條手巾仔」，只見，原本靦腆話少的他們，一引吭歌唱，便是一股沖霄直上的氣勢，嘹亮的嗓音，轉折婉轉多變化的曲調，牽牽拉拉都是民間活潑的風情，甚是有趣！他們臉上的表情也因為歌詞的趣味，時而調皮、時而皺眉，時而歡愉，幾十年歲月投入這些曲文中，

1　王寶福、王闖允兄弟唱牛犁歌。
2　牛犁歌詞。

牛犁歌讓他們表現旺盛生命力。他們各有一本「牛犁歌詞」，歌詞中充滿許多典故，那些典故裡，有陳三五娘、梁山伯祝英台、二十四孝感動天等等，教忠教孝，而且有民間道德的價值觀，是真正寓教於樂的遊藝。

東竹林的牛犁歌是黃牛頭，所以只用小男生扮成女相，是兩百年來傳下的，村民謹守祖先的規矩，國小學生較好教，扮相也漂亮，而

1　牛犁歌助唱。
2　牛犁歌演奏樂團。
3　由男童扮演旦角，引人入勝。

且扭來扭去的身段也比較有趣，隨著少子化，近年來人選挑選越來越不容易，所以三位老前輩都期盼每科可以在組陣前順利挑選適合的人選，加以訓練，將這難得的民間藝術代代傳下去。

我武維揚，舞宋江

謝志忠，是紅腳巾宋江陣的第四代傳人，世居西港槺林社區，阿公謝金鎗時代開始成為宋江陣教練，父親謝鬧枝從十九歲開始，到七十二歲往生為止，都腰纏紅腳巾，致力於宋江陣的傳承。從謝志忠有記憶以來，父親就在教宋江陣，謝鬧枝不僅在槺林鳳安宮當教練，往返高雄內門採購萬能薯時，也順便在當地教宋江陣。謝志忠說起兒時印象最深刻的是寒冬冷霜逼人時，赤腳走在土地上痛徹心扉的冷冽痛苦。所以，長大後看著父親在冬天裡為教宋江陣忍受寒風騎車來去，心生不忍，於是買車載著父親到仁德後壁厝、麻豆鎮磚仔井，學甲鎮慈濟宮，甚至高雄縣仁武鄉教武陣，謝志忠笑著說：「我的宋江陣是『載』出來的。」當時父親原本無意讓他傳承，每次載父親到廟埕教武術，他就在車上休憩，父親的朋友常笑他：「你老爸在外面舞，你在裡頭睏！」許久之後，終有一天他也打開車門，走入宋江陣了。謝志忠說：「幾代嫡傳的因緣，使得我的血液中，彷彿也遺傳了宋江武術的血液了。」宋江陣的陣法、拳式、武器，幾乎一學就會，他也像父親一樣在新吉、佳里子龍、中寮、外塭和濟宮、喜樹萬皇宮、路竹以及嘉義古民國小各地教宋江陣，甚至踵繼父親的腳步，在二〇〇九年，獲得民族藝術類薪傳獎。

十二月，初冬薄涼的夜晚，謝志忠師傅告訴我，這一個月裡，他每晚都在教宋江，我驅車來到荒僻的鄉村許中營，順天宮前鑼鼓喧天，村子裡的人三三兩兩都來看練宋江，這是許中營順天宮宋江陣第十二天的團練，里長和社區理事長說，年輕人練得很帶勁，成效不錯。敲鑼打鼓的是年老一輩的宋江陣團員，看著年輕一輩舞弄起來，忍不住微微帶笑……三十六人的宋江陣，無論隊形變化，舞器耍弄，單打、雙打，眾人布陣，都有章法，紊亂不得。謝志忠師傅收起平常親切和藹的面貌，嚴肅莊重地站在場中督軍，陣仗裡代表宋江爺護佑的香火在謝籃中裊裊升起，三十六個壯丁也不敢造次，個個卯力輕躍、演武。觀眾席中，一個五、六歲大的小男孩，抓起一個花布小掃帚，學著大哥哥轉身、拖刺、鷂子翻身，這一幕可愛得令人莞爾，民間、鄉野，總是充滿生猛的活力。

謝志忠在耳濡目染下，學習宋江最傳統技藝，並在父親過世後，承襲父志，一肩挑起傳承宋江陣的工作，繼志述事的使命感，來自於鄉土的愛，更來自於家族的使命感。他說，宋

1 謝志忠督練宋江陣。

2 每招每式都馬虎不得。

3 眾人佈陣，章法井然，紊亂不得。

江陣是團隊精神與默契的展現，每當村莊練宋江時，鼓聲在廟埕響起，扶老攜幼都來，圍著宋江陣的隊伍，寒暄話家常，早時阡陌交通、雞犬相聞的溫暖畫面，呈現在每晚的鑼鼓聲中，謝志忠說：「那是最有人情味的畫面！」

一閃一閃亮晶晶的希望

在檨林社區還有一股初陽般的生力軍，那是松林國小，立校四十年的校園，在歷屆校長的努力下，已形成綠色人文的溫馨校園，而且積極參與社區人文的活化工程。二〇〇六年開始，松林國小成為天下雜誌「希望閱讀」的聯盟小學，台積電的閱讀志工到校導讀故事，教師及家長成立「松林書香社」，二〇一一年獲得教育部閱讀磐石獎的殊榮，在藝術與人文深耕計畫的推動下，學校教師廣編認識鄉土的教材，在張志全校長帶領下，全校師生發展出一系列「童夢松林趣，幸福胡麻香」的課程，二〇一五年剛剛出版的在地繪本《穿越檨仔林》，就是長年播種文學書寫的陳桂蘭老師，以及黃瑋君老師，一步一腳印深耕的成果，在穿越古今的圖文故事裡，一股關愛家鄉的願力，如小胡麻般萌生，有願就有力，那湧泉的信念，聯繫起生活在檨林世世代代的鄉土緣分，化願聚力，寫下檨林社區一閃一閃亮晶晶的願景。

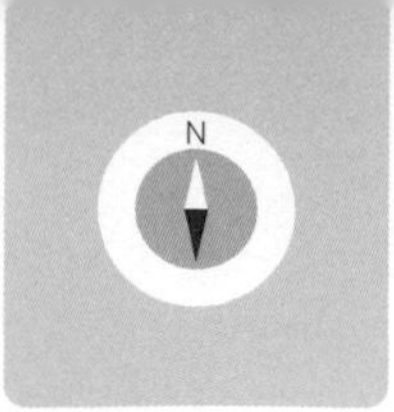
N

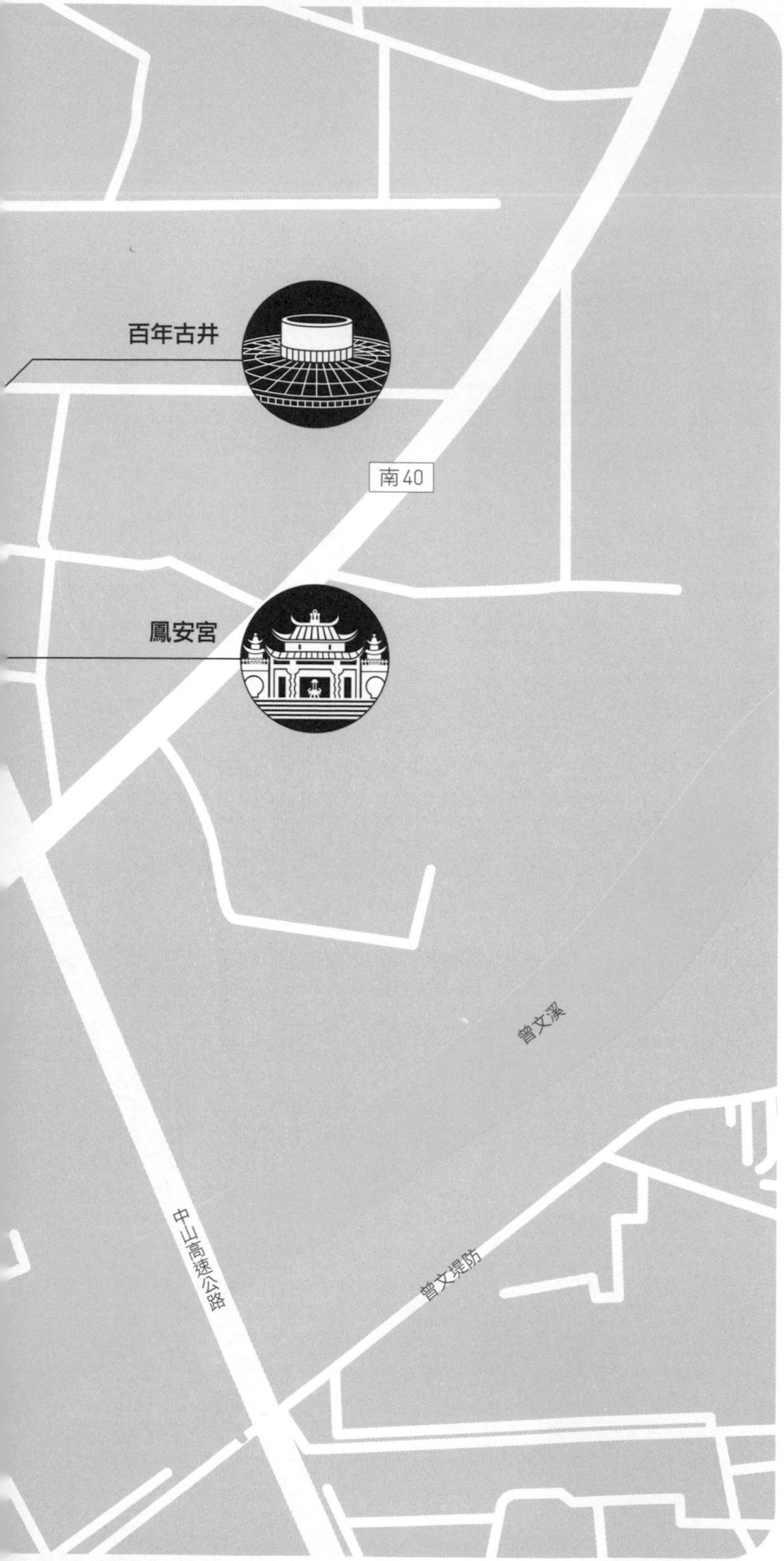
百年古井
南40
鳳安宮
曾文溪
中山高速公路
曾文堤防

173
中山高速公路
茂興製蓆廠
生命之樹
南44
新槺仔林
東邊寮
西邊寮
南45
松林國小
舊槺仔林
三安宮
中周寮
活動中心
五塊厝
南44
王家古厝
南44
東竹林
保安宮
南40

4

新化

臺灣社區關懷協會

請給我們祖先的名字

山，那麼青翠
水，如此湛藍
在群山凝聚的文化圖騰裡
我們呼喚一個族群的尊嚴
那個名字是：西拉雅

史

寫在山裡的名字

連綿的高山與溪流交錯的土地間，有一個族群，他們的名字是：西拉雅。西拉雅族（Siraya）是臺灣原住民族群中的一族，從嘉南平原到恆春半島之間、甚至臺東、花蓮，都有他們的蹤跡。這一片山青水綠，是他們的祖先打獵的地方，他們崇拜祖靈，取用山林資源維生，過著細數山風吹拂松樹，浮雲飄過藍天的歲月。四百年前，當荷蘭人、西班牙人進入臺灣後，首當其衝的族群成為最先失去自己的語言、祭典以及身分尊嚴的一群。祖先曾經種植的土地，歸屬國家財產，山上的風呢？漂泊沒有方向，立足在土地上的族人，自力救濟攢聚金錢，去向政府承租祖先的土地，遺失的祖靈信仰，現在依附在教會的力量上，他們再度靠攏、撰文、發表演說、付諸行動，並將二〇一五年定為「正名關鍵年」，他們希望恢復從祖先以來就很光榮而偉大的名字：西拉雅。現在，「社團法人臺灣社區關懷協會」是推動一切重生力量的推手。

傍朋的族群依靠

口埤、九層嶺西拉雅部落位於新化區東側，分屬知義里、礁坑里和大坑里的邊陲，平地甚少、四周皆為嶙峋起伏的山坡地，不利農業發展，地理位置在三個里的邊陲地帶。散居的部落三三兩兩在山坳林間，各自維生，因為有共同的族群信仰，生活還是有互相傍朋的支持，族群裡時常是近親、姻親聯婚，所以各位長老都說：「一群人在一起，都不知如何談輩分了。」由於大部分的居民信仰都在教會，每週教會聚集社區的人討論公共議題，因此，現今協會許多扶持的機制，都是從教會走出來的。受到荷蘭人宣教醫生馬雅各的影響，基督教長老教會於一八六八年陸續在木柵、左鎮、柑仔林、新化等地建立教堂，部落信仰中心的口埤教會於一九五三年建立，位在早年所稱「火炭崎」的地方，成立已有六十二年歷史，教會除了是部落中心信仰外，也推動協會的運作，李孝忠牧師說：一九七四年用教會的力量開始成立互助會，至今四十一年，西拉雅社區屬於益人互助社，這個成立的團體改善居民生活經濟，讓社區脫貧，貸款、申請都有互助社為擔保，直接解決每家的貧困，人與人的關係就更密切了。一九九七年族群覺醒運動，組織西拉雅文化協會，萬正雄長老為理事長，無論經濟活動，或是文化覺醒都從信仰開始，都從教會出發。一九九八年因應九二一地震的救援活動，有了全國性的臺灣社區關懷協會，自此也讓社區總體營造在關懷人、地、文化、經濟等方面都有了整體規劃。

事

從教會走來

根據部落耆老口述，過去西拉雅部落討論部落共同事項都由各大家族長老決議，現今部落各家族長老如萬正雄長老、佟安靜長老、蕭棋全長老、佟炎聰長老、葛証議長老、以及羅路賞執事，確實也承擔了社區關懷協會業務推動、協議整合的關鍵人物。

目前協會努力的有三方向：產品研發、文化創意（製作西拉雅圖騰的衣服、夾克、布包）、深度的文化與環保的旅遊，也帶動接待家庭（土地是國家的，所以法律上不能成立民宿，只好依承租的方式，取得使用權），只要對於文化深度及自然生態的體驗有興趣的民眾，或教會系統等團體，都可以透過網站的申請，進來體驗山林的禮拜，儀式與詩歌等等。

協會也推動農產品行銷，由於社區平地較少，四周皆是起伏頗高的山坡地，不利農業發展，唯有竹子能適種在陡峭地形和貧瘠的土壤，竹子在過去西拉雅民族的生活與文化中，就扮演不可或缺的角色，從文化、生活用品、飲食、產業、狩獵、娛樂等都可看到先人的智慧，竹子同時也是四〇、五〇年代部落重要的經濟收入。但是，以竹筍為例，傳統以來都是銷售給入山的遊客，早上論斤來賣，下午收市前就論堆傾銷，筍農虧損很大。二〇〇九年二月，李孝忠牧師眼見在地居民若不是任由土地荒廢，就是賤價轉賣給外地人，他開始思索讓族群能在地生存，並且守護土地與文化的方法，於是協助部落成立「西拉雅文化山城社區合作社」，將在地物產透過合作社的管道買賣，也創新開發紅藜、薯粉等高經濟農產品，並輔導品牌包裝，若農產品價格不好時合作社也可以收購、廣設行銷平臺，讓居民有穩定的經濟收入。

扁擔挑起的血汗史

西拉雅部落有一個象徵的精神圖騰是：扁擔，那是祖先用以謀生的工具，竹製的扁擔，兩頭上翹，那是有典故的，因為早期從九層嶺走到府城買賣，每擔都要挑重一百五十多斤，所以，雙頭翹起的扁擔，行走時腳步隨地勢上下律動，竹子的彈性較好，可以省力，若挑擔時要移動擔頭，翹起的幅度，順溜較易於滑動，而且竹製的扁擔表面積沒有毛細孔，不會沾黏沙粒，比較不會讓皮膚疼痛，這些都是先民的

1 在陡峭貧瘠的土地上，竹子是陪伴西拉雅族人的重要經濟作物。

2 曾經遺落的祖靈信仰和歷史故事，現今鐫刻在月光舞臺的一隅。

智慧。祖先出外買賣時，都將身家放在竹子的鏤空管內裡，若遇搶匪，竹子是拿起來當錘子拼命的，因此用竹子做成的扁擔養家活口，成為奮鬥的精神象徵。一九三九年至一九六二年間，口埤教會前的道路一直蜿蜒到九層嶺，都是筍仔市，當時交易熱絡，榮景一片，公所來此安置三臺大秤課稅，每當農曆七月半，人山人海，燈火通明，大埤尾崎裡擠滿從佳里、左鎮、麻豆、臺南市來批貨的商人，牽著腳踏車買竹筍的商人，一輛腳踏車載著三百~四百斤的竹筍來去，溯溪、走石子路，現在想想真是了不起！街坊中撞球場、旅館、飯館林立，連剃頭店都有三、四間。長老們說那時最厲害的挑索人是從七股十二佃來的生意人，他們都會先到鶯歌買陶甕，兩個大甕挑來此地叫賣，然後換了穀子、番薯簽等回去，百多斤重擔，遠遠挑來，又百多斤沉重馱去，真是了得！還有一個笑話，是說有一個挑擔人走山路，不慎路上掉了單個甕，因為兩邊不平衡，挑不了，氣急敗壞索性把剩下的甕敲破，不挑了！走回去的路上才發現：原先掉下山谷的甕，只是掉下坑底，完好如初，難過得欲哭無淚，這真實的故事，也說出先民謀生的血淚史。

部落接待與旅遊觀光

社區現今以「西拉雅文化山城社區合作社」為窗口，由合作社蔡艷芳經理負責，積極規劃部落深度觀光，有生產體驗、文創商品、人力資源、產品研發、行銷推廣等，進入部落旅遊與延伸導覽解說、餐飲及住宿也都由合作社安排部落人力，並於遊程中扮演接待角色。以百年古道導覽為例，口埤及九層嶺一帶部落位於丘陵地形，原始的生態中藏有豐富資源，最擅長導覽古道生態的佟炎聰長老說這一條道路遍植柚木，原稱「埤後崎」，小時候沿著古道走去，一路上坡十分辛苦，所以都會邊走邊玩，路邊的植物，就成為最天然的玩具，比如說，下雨時，摘一片柚木葉，頂著像傘，柚木的葉子，放在手中搓揉，手掌心就會染上胭脂的顏色，久而久之，古道就有了胭脂古道之名了。胭脂古道是西拉雅人與平地漢人百年來重要聯繫道路，是當地居民出入往來平地市集必經之地，學童上學、年輕人外出工作、離家返鄉、甚至談戀愛都會經過這條路，社區內的農產品也是從這條古道運送出來的。後因道路開闢，古道失去原有功能，漸漸為人所淡忘。現今規劃「自在亭」、「臺南一〇一」、「三等三角點」、「擷秀亭」等景點，希望藉著探索古道，重新找回西拉雅文化生活足跡的記憶。社區也將居家環境改造，運用色彩與部落圖騰，讓在地風貌活潑化，以營造「美好西拉雅」的視覺印象，將居家環境做為接待家庭，讓進入社區的遊客可以深度體驗部落生活。

在文創工藝品的開發上，首先以「竹」為元素，搭建西拉雅傳統建築做為接待中心，這個招待中心，同時也是農特產品產銷的店面，利用竹藝技巧製作部落景觀門牌、利用園區內大量的桃花心木創造ＤＩＹ成品，或是做成代表當地精神意象的扁擔、掛飾、筆筒等等。在口埤及九層嶺一帶，部落群集，九條大小溪流泉水充沛、四季不歇，也是幽谷健行的好路線，目前社區嘗試規劃許多探索生態的主題路線，比如：山林生態學習、獨角仙探秘、老鷹尋蹤等等，藉著拓展觀光旅遊產業、ＤＩＹ體驗等項目將西拉雅古老傳統中，竹筍煮蝸牛、抓溪蝦、松鼠、蛇虺維生的先民經驗，一點一滴彙整成西拉雅的故事，希望藉此吸引部落青年能回到故鄉，一同為西拉雅部落永續發展盡一份心力。

人

我是原住民，再現西拉雅

新化植物園的後山，有一座山中仙境：綠谷西拉雅。櫃檯前忙碌的身影，淨瘦精悍，頭上繫著一條黑紅兩色絞成的頭巾，那是西拉雅族的圖騰，代表西拉雅身分的榮耀，充滿旺盛精力的那位老先生是萬正雄長老。三十年前，他帶著族人走上街頭，在社會運動還未成熟的時代裡，為爭取族群的生存地上權、環保健康權，忍受社會的指摘與攻訐以及族人的冷漠。抗爭成功後，把乾淨的土地還給族人，大家才相信他為了土地、人民、健康所做的一切是對的，萬長老說：「很多事，不堅持，就沒有自己！」之後，他從環保運動轉向生態保育，最後定標在文化與語言，然後是族群正名。在他的影響下，兒子萬俊明、女兒萬淑娟也成為為族群發聲的有力尖兵。二十幾年來，他依靠意志而奮鬥，他說：「我相信我們的方向、目標是對的，如果我沒有做到，我會愧歉自己的信仰。」

萬長老為族群而戰的力量，除了堅信目標的正確之外，還有兩個重要的因素，一是被嘲笑是「番仔」的恥辱，小時候，因為皮膚很黑，又住在山區散居的部落之間。有一天，牽牛經過山下田地，牛停下來吃草，田地主人衝出來破口大罵：「你們這些黑番仔！……」那時，自卑的心理時常質問：「我是誰？什麼是番仔？」與漢人讀書、共事的過程所遭受的恥辱迫使他去探究自己的身分，後來，他明白：「番仔」就是「原住民」，而原住民才是島嶼最早的主人，這個答案，讓他不再自我貶抑。萬長老說，現在反而很感謝那些嘲笑，如果沒有那一句「番仔」，他也不會去尋找答案，能找到身分的答案，讓他現在很有力量。另外，萬長老曾向上帝祈禱找回族群與文化，宗教的信仰，讓他養成勇敢的力量，教會是決心力行的，萬長老說，他也是決心必行的。

從環保、生態，以及找尋消失了幾百年的文字語言，冥冥之中，都有老天的契機，萬長老說：「文化如果沒有語言，就不會有基礎性。」採集母語時，在一次教會活動中，長期研究臺灣族群、自然生態的成大物理系教授黃文宏，拿出了一本《馬太福音》，終於掀開了謎底。萬家父女赫然發現，一百多年來，西拉雅語竟以「外國人的文字」，保存在史料中。十七世紀，荷蘭人統治臺灣，為了深入西拉雅部落，方便統治和傳教，便以羅馬拼音的方式，翻譯編寫祈禱文、信仰等書籍，後來還譯寫了聖經的《馬太福音》，在荷蘭人離開臺灣的一百五十年後，西拉雅人仍繼續傳用著這樣的文字。二〇〇一年菲律賓籍女婿萬益嘉（Edgar Macapili）研究古文獻的同時，便將西拉雅語的單字和辭彙整理起來，完成《西拉雅詞彙初探》。以家族為核心，推展至社區，萬長老秉持「近火先燒」的理念，「讓我們的成果被學術界看見、被社會肯定，然後再號召社區一起來，整個族群的意識才能覺醒。」

綠谷西拉雅園區中的竹寮，是音樂教室、文物展示館以及生態、鄉土教學教室，多才多藝的萬長老搭竹屋、雕刻、烹飪、歌唱、編詞作曲樣樣都來，能演奏竹鼓、鼻笛、竹槍、竹響板、鼻簫、鋸琴，還有漂流木做成的洋琴，他擅長將廢棄的用具再利用，如鮪魚罐頭二胡，拉起來抑揚頓挫、有模有樣，讓人叫絕！萬正雄的女兒萬淑娟成立西拉雅文化協會，女婿萬益嘉是菲律賓皮舍耶族，也一齊投入族群正名運動，萬長老說：「我雖然老了，但是，為了後代子孫會繼續打拚下去！」

1 紅、黑、白絞織而成的紋路，那是西拉雅的圖騰。
2 一度消失文字和語言，經過族人的努力，編成繪本，將這些美麗的文化繼續傳承下去。
3 綠谷西拉雅的竹寮。
4 竹寮中展示著各式樂器。

2	1
3	
4	

陶甕、竹簍、紅藜米，
西拉雅的文化在此深化成族群意識。

荷蘭語言學家 Alexander Adelaar 教授說：

「西拉雅辭彙裡找不到『偷竊』這個字！」可見西拉雅部落裡人與人之間充滿了高度信任、互助共享的觀念，所以偷竊是不存在的！萬長老一家尋找自己的母語，不僅使語言復活，也帶出了文化的甦醒，並且讓西拉雅族人從此找到歷史座標，重新定位自我。

山谷中，阿公的店

「扁擔崎」因其山路起伏，地形雙頭翹，形狀猶如扁擔，故名，這裡是舊部落所在地，也是部落孩童成長過程中的嬉戲場所。在扁擔崎山腰處，有一間雜貨店，此店麻雀雖小，五臟俱全，除了罐頭、飲品、零食、酒類之外，

阿公的店在扁擔崎的山腰，是雜貨店，
更是族人們的精神補給站。

在店裡擺一架電視，每當華燈初上，大聲播放，是山林必要之音響。佟炎聰長老年輕時，一如所有部落的年輕人一樣，出外打拚，父親佟瑞昌開了這家小小雜貨店，沒有店名，但是回家的兒孫都知道，那是「阿公的店」。漸漸，父親隨著時間走入塵土，退休之後的他，也回到故鄉，接手這家雜貨店的他，也當了阿公，「阿公的店」，代代都是名副其實。

在店前的涼亭裡，佟長老放了一個很大扁擔作為標記，這裡是扁擔崎，扁擔是祖先辛苦的叮嚀：「不要忘記、不要放棄！」他指著前方山坳處隱約的屋瓦說，那裡有四、五戶人家，越過這山頭，有兩戶人家，「他們就是我的鄰居，也是雜貨店每晚的顧客」，每當華燈初上時，「鄰居」們就會跋山涉水來雜貨店，通常，不是買賣，都是為了閒聊！佟長老說：「阿公的店做的是人情的生意，這裡有『人』的滋味！」山上，沒有路燈，摸黑來的鄰居們在群山漆黑中，話可以說得很大聲，酒可以喝得很盡興！聊不完的話題，一次又一次的話當年，總讓這間小小的夜店也要忙到十一點才打烊。山裡的人，每戶住得很遠，心卻很近，遇到番薯收成、蓋房子，都一起來協助傍朋，西拉雅人都用竹子造房子，如果要搬離，就幾家吆喝一起來扛，部落的人，很善良，佟長老說他曾在汽車公司當採購，看盡商場爾虞我詐，他覺得人活得傻一點，是最好的。西拉雅文化孕育族人的天性樂天知命，而且海派，他說：「山裡人不怕吃，怕人逮。」只要有一點情勢，就很緊張，所以很守法不敢做壞事，種地維生很本分，但也是有骨氣的，西拉雅人是不食嗟來食的。阿公的店每兩年就會在過年時，舉辦廣場上的音樂會，部落裡的人，老老少少都回來參加，挑著自己的餐食，一起來享用，那是每年最溫馨的時刻，兩、三百族人，一起吃食，一起歌唱，年輕人組成樂團，貝斯、keyboard……自己組的樂團，唱自己的歌。

佟炎聰長老說，五十年來社區最大的改變是人們把眼光放在科技產品，如手機、電腦、電動玩具，人與人之間很直接的互動就變得淡漠了，族中年輕人也難免如此，因此，每年過年的感恩音樂會裡，族人能真情互動，就顯得特別珍貴了！

走訪阿公的店那天，正好颱風掃過，路經「二叔有機農場」時，羅路賞執事正在整治他的田畦，這塊土地是用了三年換土、整土，讓土壤完全沒有殘留農藥，才開始栽種，羅路賞執事用自然農法栽種的蔬果，堅持天然無毒、不用農藥，產量不大，但絕對健康。菜園裡刻意養一些蟾蜍、青蛙，來幫忙吃菜蟲，可是，菜園裡的蛇應該是最大的獲利者吧。前去採訪時，甫入菜園，腳下就竄出一尾鈍頭蛇，羅執事說時遲、那時快，穿著雨鞋的雙腳用力一踩，像保生大帝一樣，降伏了竄動的蛇身——真是驚險無比！羅執事說：「這就是生態！」

又路過佟安靜長老家時，他順手抽起一根芒草，東扭西轉手法俐落，瞬間，就做好了一頭活靈活現的草馬，他說：「每種植物，都是天然的藝術材料，我們要善於發現它！」生長

佟長老的雙手一捻一摺，芒草小馬轉瞬而成，
童年的記憶在山野的陽光下依然閃閃發光。

在山林間，每一個長老的記憶裡，都是與天地共生的和諧與喜悅。

離開阿公的店前，佟炎聽長老說，颱風來的那幾日，山上停電沒燈火，他在自家樓房上望向天空，那一刻特別覺得雲清月白，像童年時的大地，他說：「家園毀了，可以再造；竹筍打彎了，可以再種！但是污染了大地呢？我們是輸不起的！我們都不喜歡颱風帶來的破壞，但是來一場風雨，老天幫我們洗乾淨天空的污穢，所以要感謝神！」此刻，他更覺得土地的可貴，落葉歸根，山林依舊，是他最期盼的願望。好幾代的父母親信仰的宗教，讓西拉雅族人在貧苦中有著依託，山上山下的住戶看似遙然遠隔，但是，大家的心是一起的，年輕時出外謀生，老了，在此共同老去，回憶都在這裡了，每天夜裡，阿公的店一燈熒熒，彷彿不滅明燈，等待、溫熱每個族人的心。

牧師娘陽光般的愛

口埤教會，蓋在舊稱火炭崎的地方，早先只是一間草屋。現今在教會旁，蓋起了傳統的高腳屋與望高樓（西拉雅語：Kuva），李孝忠牧師，旅英多年，國外的經驗告訴他，一個族群要有精神的支柱，才有共力往前走，現今口埤教會是部落整合人力資源、凝聚向心力的燈塔。教會工作是「人」與「信仰」的事業，李孝忠牧師以他的學養，引領社區脫貧、能生存、認同文化，並且書寫自己的歷史，牧師說，這樣才是走一條有自尊的路。隨著牧師的工作居此，牧師娘也責無旁貸地為社區付出。許素芬牧師娘常說：「我姓牧，名師娘。」她很低調而且務實，所以名字不重要，「做我該做的，如此而已。」牧師娘如是說。教會緊鄰的口碑國小，目前只有三十幾個學生，面臨廢校的危機，牧師最憂心的是整個社區隔代教養的問題很嚴重，而且是隔兩代——由曾祖父母教養。學童的父母親幾乎都出外在都市謀生，在鄉村的祖父母，仍然還是勞動人口，所以，隔兩代教養的學童，時常面臨棄養的危機，許素芬牧師娘與學校合作安親課程及課後照顧，慈愛的她每天用大部分的時間，照顧課後或假日時無所託養的學童，牧師娘幾乎成為孩子們媽媽，如果晚上七點半、讓孩子吃完晚餐後，家人還未來接送，牧師娘就會送他們回家。

口碑國小與教會合作的暑假課輔長達六個禮拜，課程是協助學童寫完暑假作業，還有認識自己的鄉土。李牧師說，在都會區透過教育改變思想，但偏遠地區努力解決的是更基本層次的：生存問題，族人只有解決生存之後，才能進而培養他們的競爭力，這裡，連生存都是困難的關卡。平時，有許多孩子是依賴營養午餐的剩飯，帶回去當晚餐，暑假期間，沒有剩餘的午餐，教會提供伙食正好可以餵飽孩子。

1　口埤教會是西拉雅的信仰中心，更是散播愛與陽光的希望。
2　教會中禮讚上帝的十字架與神壇，是居民使用當地特產製成的。

牧師娘所帶領的「陽光真愛青少年關懷協會」在星期六有週末營開設輔導及安親的課程，照顧三十幾個的孩子，讓家長可以安心工作。教會不希望家長以照顧孩子為理由，不工作，整個社區要脫貧，族人願意工作、爭取活路是很重要的，牧師娘說：「我的願望是期待社區家長工作可以順利！」族人不工作，她最生氣了，所以，幫助他們，就是讓他們願意為生活及家人打拚。在教會的神龕壁間，有一座竹製的十字架以及聖壇座，那是族人用自己的竹特產，禮讚上帝而製成的藝術品，李牧師說：「這位信徒，不是藝術家，但是他的心中有信仰、有愛，就有能力完成美好藝術！」仰望藍天，直指天際的教堂尖塔，細細思繹李牧師伉儷為社區奉獻的一切，我深信：他們也正在完成人生的藝術！

當老鷹飛過

這裡曾經是風光一世的地方，現在，為財團所壟斷，影響在地的產業經濟，有人以成為「臺南的陽明山」為口號，催發土地不正常飆漲，早先一分地一百五十萬，現在一坪兩萬，買地的都是外地人，買地不居住，別墅毗連起，圍籬圈地、掏空部落，西拉雅的一切，如風中斷線，失落了。現今社區所努力的，不僅是文化呼籲，更進一步到正名，他們要溫暖地擁抱土地，但也要有尊嚴地矗立於蒼穹，這才是社團法人臺灣社區關懷協會所要走去的方向。

著名的《西雅圖酋長宣言》中曾說：「對我的人民而言，大地的每一部分都是聖潔的。每一枝閃亮的松針、每一處沙洲、每一片密林中的薄靄、每一隻嗡嗡作響的蟲兒，在我人民的記憶與經驗中都是神聖的。樹中流動著的汁液，載負著人們的記憶。」「風，送來了我們祖先的第一口氣，也帶走了他們最後一聲的嘆息。」這也是西拉雅族群的共同的宣言。每當上午十點，或黃昏午後，九層嶺上老鷹在山林間盤旋，悠悠然的張開雄壯的雙袖，俯視山間子民，那西拉雅的族群，正從經濟、文化、產業、在地故事的彙整，走出自己的康莊大道，讓我們以愛，為他們正名！

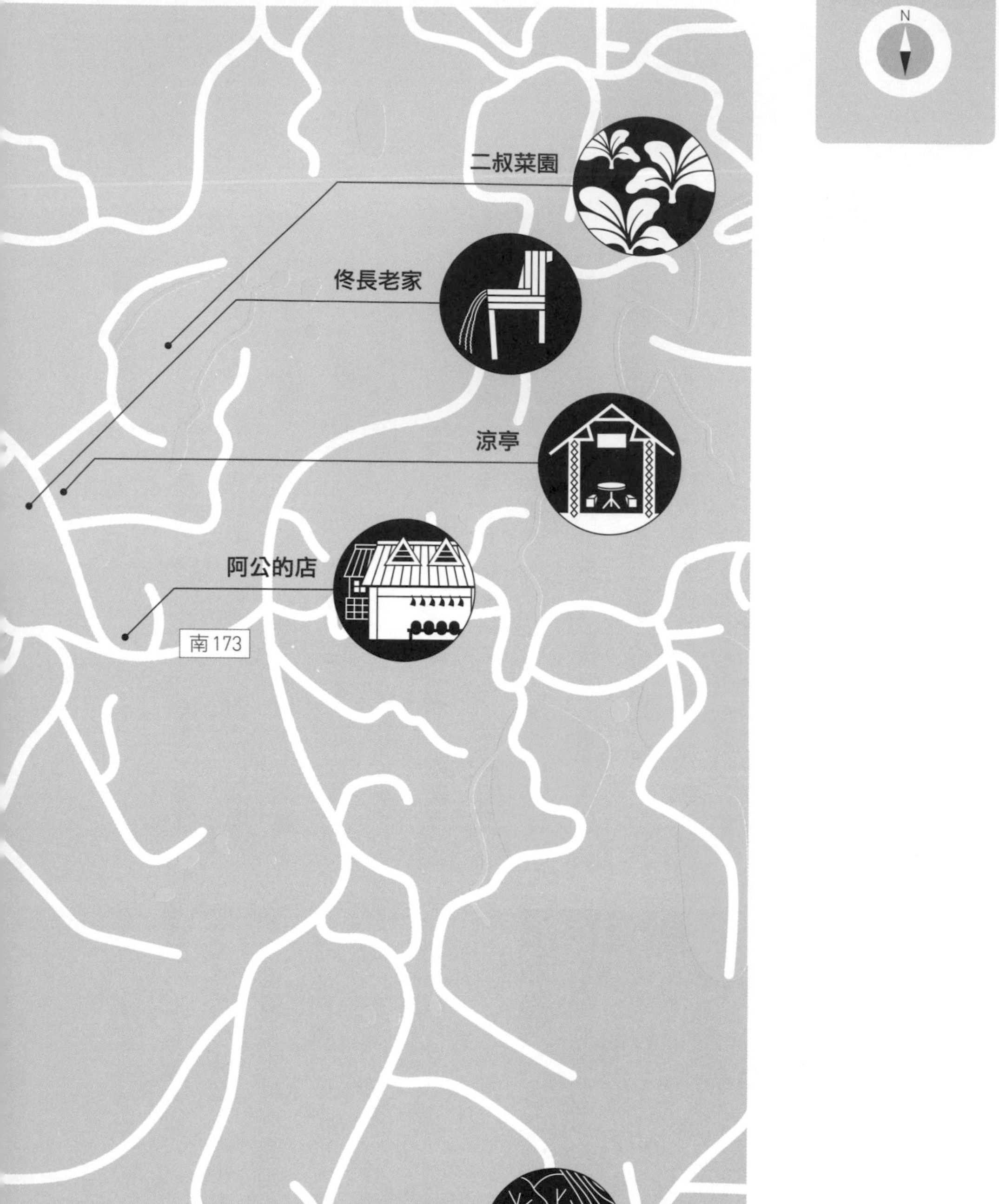

N
二叔菜園
佟長老家
涼亭
阿公的店
南173
綠谷西拉雅

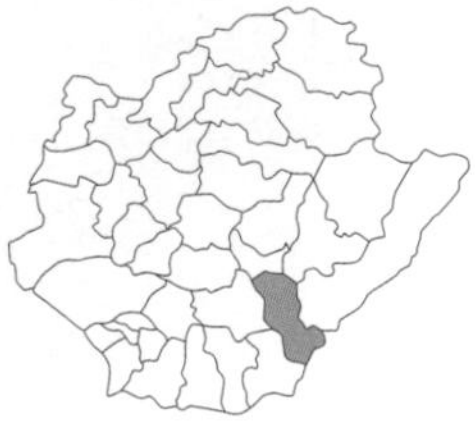

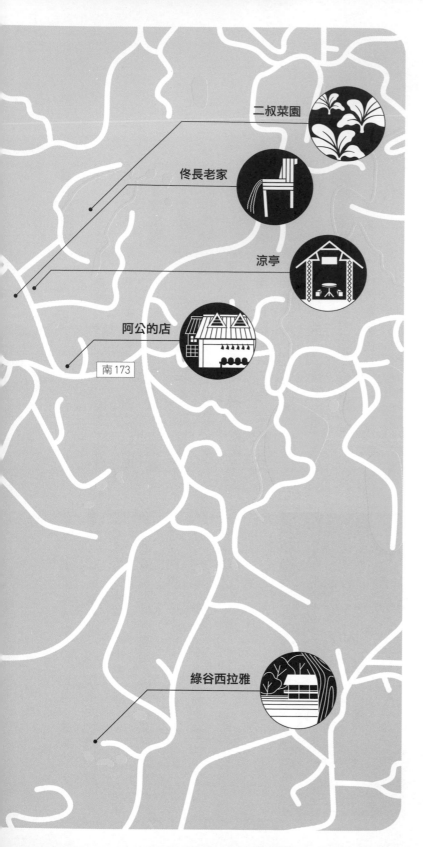

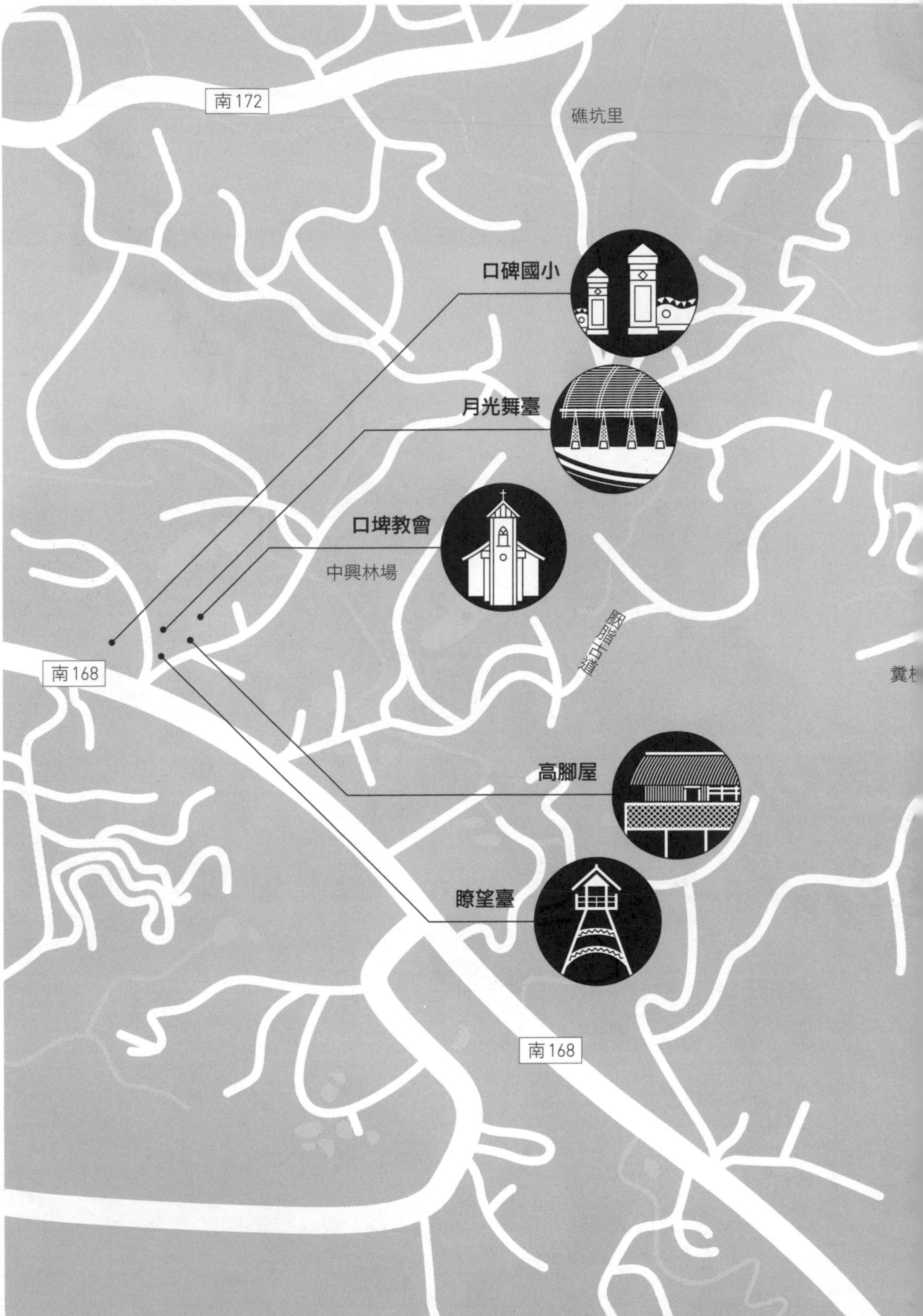
南172
礁坑里
口碑國小
月光舞臺
口埤教會
中興林場
南168
高腳屋
瞭望臺
南168

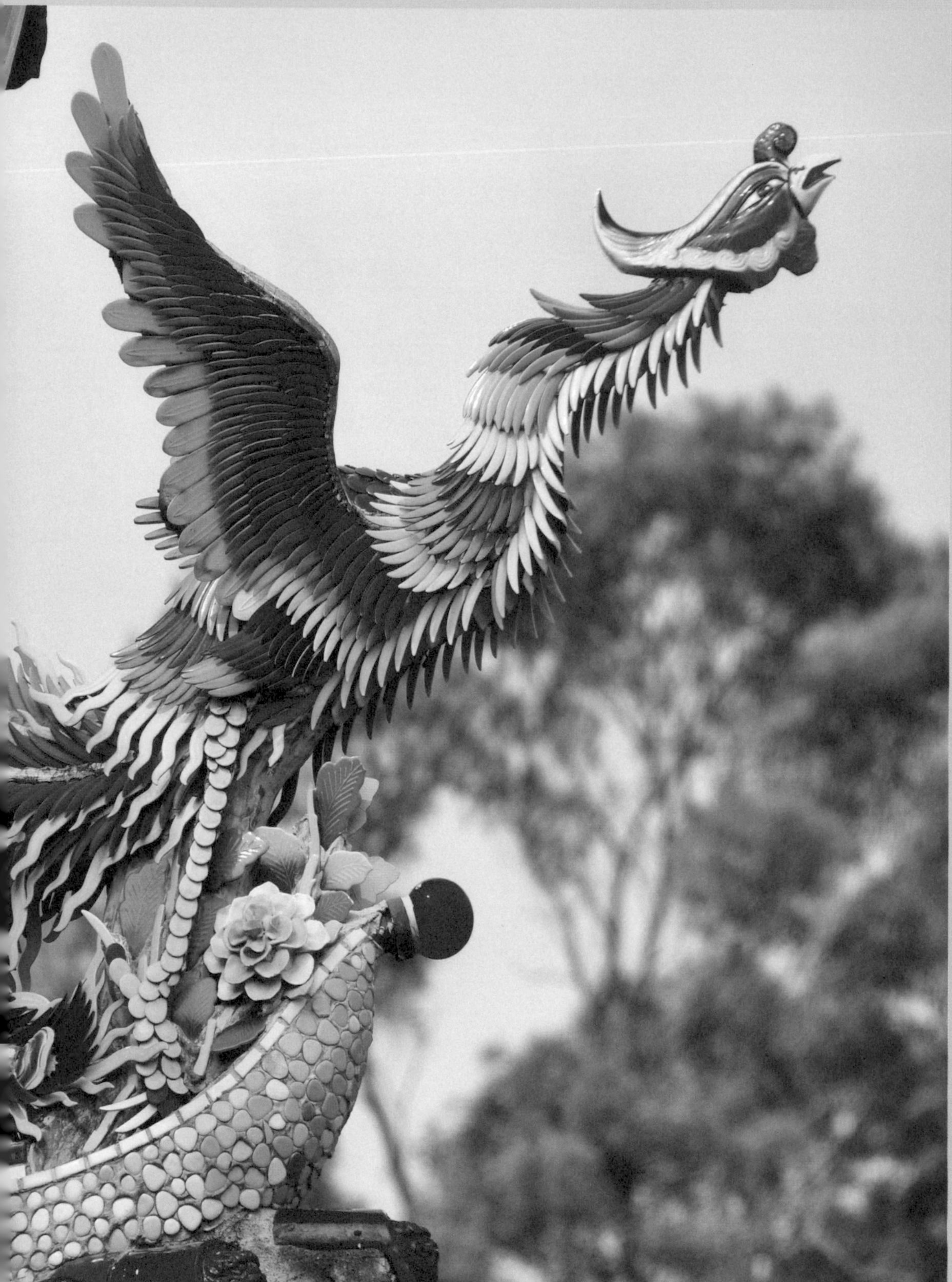

5

官田

大崎社區

雙鳳來儀，佑斯民

過火，炭紅熾烈
請水，神威湧浪
竹鼓轂轂，諸神起駕
在大崎媽、黑面祖師的信仰裡
勤奮的人們捧起
芒果與柳丁的芳香

史

被迫遷徙的路

大崎里位於官田區，原是「雙溪仔」、「笨潭」、「溪仔底」、「圳溝仔」、「中崙」等聚落，其中笨潭為最大庄，一九二〇年，日本人建造烏山頭水庫，原居住在水庫淹沒區的聚落，被強制遷徙，遷村的居民大部分移居在烏山頭水庫吊橋南面，「崎」原為陡坡之意，此處地勢高低起伏，坡度很大，因此以大崎為名。目前大崎村有媽祖園仔、蓮潭仔、莿仔埔、大井、彎崎等五個聚落，媽祖園早年田產權屬媽祖所有而得名，蓮潭仔一帶舊時水潭中種植蓮花，莿仔埔原地段有滿山遍野的「莿仔」，莿仔整株都是刺，葉狀如銀合歡，莖、根可治療「腳風」，因此，村莊裡的「莿仔雞」是地方風味餐。往彎崎聚落的路上，沿途山路彎彎曲曲，因而得名。大井，舊稱「番仔寮」，日治時期，笨潭及雙溪仔庄民遷入此處後，在內山坡下挖一水池為井，就以大井為名了。

日本人強制遷村時，由於民風樸實，並無人反對，遷村之後，有人搬到雲林虎尾，有人搬到大內竹圍仔，至於搬到大崎的居民都是考量附近山頭多少還可以種作而選擇留在此地。當地耆老談起遷村時困苦的情狀，都不勝唏噓。遷村時，先民只關心是否有吃食，所以就往可以種植作物的山坡移動，架起山寮草屋一座，如此就一生一世了。日治時允許「牽山」，亦即山路放租，但是圈多少地，就有多少稅金，種作所得都被日人苛稅，所以很多村民乾脆將土地捐給廟方，所以，成為廟方的佃農。耆老陳老其說：「壞人不敢妄動神明啦，錢放在神明那裡比較安全！」可見，民間內化的心理，對於神明有一份信託。

剛遷村時，貧窮的百姓只能做零工維生，也有人種甘蔗、竹子。以刺竹劈篾仔來賣，是當時很多人養家餬口的依據，竹篾一把兩百片，五千片再綁成一大捆，共一萬片，扛去賣給收購的商人或糖廠會社，劈篾竹、到溪底偷抓魚、種番薯樹薯、養豬，其實都難以飽腹，陳來福先生說早先家裡幫人代工養牛，母牛生了小牛，才能擁有一頭牛是自己的，養豬，更是要一整年的盼望，才有收成。那時大崎崙幾乎是困苦的代名詞，即使有鋤頭，也耙不到土地上的生機。光復後，三七五減租讓某些人有了土地，種作才有一點改善，但是，大崎山坡地是看天田，地勢不平，無法引進水渠灌溉，沒水，使得稻禾乾萎，所以改種甘蔗、種樹薯，直到一九八一年引進芒果、柳丁種植，才使產業轉型。

果樹是大崎地區主要的作物，居民們開著蔬果運輸車在路上的身影，是社區常見的景色。

背著大崎媽遷村

大崎的過去有說不盡的艱辛路，但無論如何困苦，村民們卻從來沒有放棄信仰，遷村時，他們收拾家當、牽著族人，而且背著大崎媽來到現在居地，目前雙鳳宮主祠的觀音佛祖就是那時居民不離不棄的信仰。剛遷徙時，居民一窮二白，沒有能力蓋廟，只能將神明供奉在竹子做成的神龕籠裡祭拜，然而，他們虔誠相信，每尊護佑的神明都沒有遺棄他們，所以，即使生活得再困苦，都能咬緊牙根，撐下去。也因此，屬於神明靈驗的傳說不斷，一則則成為地方最有趣的野史。陳登清理事長說，他家信奉金面觀音，那是乾隆晚年祖先從笨港請來奉祀的神明，二戰時期，美軍轟炸臺灣，村民集體在圳溝處躲空襲，忽然其中一位村民腹痛如絞，眾人認為應該是神明指示此處不宜躲藏，果然，甫一逃離圳溝，一顆炸彈便投下來了，神靈在冥冥中拯救了全村民的性命。何家池府千歲和國姓爺在溪底時期就已焚燬，因為沒有見過真身，遷村後重塑時池府千歲和國姓爺都做成紅面神像，有一天，一位八歲孩童突然扶乩，池府千歲指示不識字的孩童拿起毛筆，託言要重塑金身，因為池府千歲是黑面，不是紅面的。老一輩說，當時村民擲筊請示神明，如果改成黑面還不靈驗的話，就要將神像讓給小孩當木偶玩，果然，黑面金身一做成，那年庄頭請水，就請到大魚精，護佑豐年平安！據說，原先深潭有大魚精鎮守，水靈被請出來護佑百姓，這潭水的靈穴就敗下來了。現今諸神共祀在雙鳳宮：大崎媽、金面觀音、國姓公、天上聖母、天上二聖母、池府千歲、天虎大將軍。信仰是村民很重要的事，他們虔誠祈求平安，健康，順利，鴻圖大展。

事

飛雲走馬千變萬化

在大崎社區雙鳳宮前，時常因神明節慶而聚集村民力量，陳延海里長說：「村民的認知中，神明的事，比社造活動更重要。」早期醫療不發達，居民疾病都來廟裡求助於神，廟裡消災解厄、有求必應，是信徒們心靈的寄託，遇有慶典活動，出外鄉親都返鄉幫忙，雙鳳宮因此成了凝聚居民團結的核心力量，也是社區向心力堅強穩固的基礎。雙鳳宮的「過火」、「請水」就成為具有特色的信仰文化活動。過火，是祖師爺的信仰，黑面祖師的信仰來自唐山，傳說中，安溪清水巖是塊福地，適合修道，祖師初居清水巖，與山鬼鬥法，山鬼失敗逃離，

1 七〇年代雙鳳宮廟會。（社區提供）
2 八〇年代雙鳳宮廟會。（社區提供）
3 早期鎮守於廟宇的神明陶塑，退役後仍然繼續守護著居民的生活。

卻在夜半回到清水巖縱火燒山，連燒了七天七夜，正當山鬼歡欣鼓舞，自度清水祖師已死時，卻發現清水祖師無恙端坐，只是臉被燻黑了。因此清水祖師的塑像，其面部也必為黑色。另有一說，祖師未曾出家之前，嫂嫂臨盆生產，無法炊食，請祖師爺砍柴起灶，祖師以己身為柴薪，嫂欲將祖師從火中拉起，沒想到祖師安然無恙出灶，只是煙燻黑祖師面孔。

大崎社區的耆老說：祖師隨信徒從唐山來時，渡船很沉，船家一直找不到祖師何在？左撈右撈，藏在信徒衣袖間的祖師就是神龍見首不見尾，神威如此，世代香火不斷。在日治時期祭拜祖師的過火儀式都是偷偷在溝坪附近起火，曾有一次，水利會巡山的官員拿著警棍不斷吆喝攪局，結果被祖師懲罰，將他抓來制壓於牛濘窟裡，半夜裡祖師發爐，才叫信徒去將一身狼狽又哭又叫的巡查找出來，神威顯靈讓村民嘖嘖稱奇。過火是夜，火苗旺盛，可是天明後，周邊的樟樹青翠如常，一點也沒有燒傷的跡象，村民除了以過火來除邪穢之外，也會煮油鼎，煮油過程中倒入酒，在火勢順勢飆起的時候，乩童以赤手去攪拌熱燙的油鍋，村民說，信仰虔誠，神靈穩坐，過火、攪油湯，都平安無事。現今農曆十月，這種廟慶依然舉行，過火時選一丈多高的九穹、竹箆仔，綁成一把把，支撐起來後，裡面放入菅芒花，再將一把香插在菅芒花中，時間久了，火就自然而然燃燒，當木頭燒成紅炭後，三壇法師在一丈方圓紅色的炭海中，撒鹽、米，民眾就一一赤足過火，陳登清理事長說，他一生過火三次，腳底只是感覺麻麻、微微冰涼，沒有燒灼感，從來也沒有受傷。在這裡，神明的信仰，既是神話，也是故事，更是歷史。

當 Kiss and Say Goodbye 之後呢？

與大崎歷史息息相關的場域有烏山頭水庫以及臺南藝術大學，藝術大學進入大崎社區之後，阻斷了大崎村旁一條河流，如今它已是乾涸的河床。從二〇〇八年開始，臺南藝術大學的學生投入「藝術介入，參與社區」的一系列改造大崎社區的計畫，「芒果花牆」，呈現大崎人種植芒果的希望、「寒天馬賽克」，透過馬賽克拼貼將過去的舊地名重現，位於中山堂後方雜草叢生的荒廢閒置空間，做成「後花園」，「樹樹平安」是一個泡茶聊天的場所。二〇〇九年的「大崎心蔓延」在雙鳳宮前打造大崎的「心」公園，「MIGA 藝文空間」改裝舊時碾米廠，成為社區居民與學生在此討論社區事務的空間。「日暮的嬉戲」直接將充滿年輕歡樂的旋轉木馬意象，放在圓環中，「鳳毛菱角」將傳統剪黏與彩繪結合，美化了冰冷的牆面。二〇一〇年的「崎人藝事」，重現舊地名，憩陶囝仔（MITOO）成為學生創作陶藝的陶瓷工作室。二〇一一年的「七七巷」、「崎夢亭」以「回看水之鄉」為概念，用竹亭遙念先人遷徙歲月。二〇一二年的「青芒果學堂」在廣場上提供小朋友創作與學習場域。五年來，年輕人用活力打造社區的搖滾風景，色彩豔麗、動能十足，對於村落裡的髒亂與死寂，的確提供改善之道，也讓老社區有了不同想像。然而，曲終人散是必然的程式，五年，對於年輕人來說，是一個完整而漫長的學程，對於一個將近百年的老社區而言，只是短暫的愛情，以社區為研究成果的學生，終究要畢業的，快閃之後，kiss and say goodbye，然後呢？每位學生溫柔而短暫的陪大崎一段，如今大學教授的研究計畫已階段性中止，大學生不再入社區，社區壁上的彩繪漸漸褪色，曾經浪漫的愛，慢慢讓社區居民有了不同的反省。那會是什麼呢？誰也不知道。

走一條好山好水的散步道

勇敢的社區居民，還是勇敢地走在選擇的路上，現今，如何將農產品行銷，才是最重要的努力。由陳延海里長帶頭鼓勵栽種無毒柳丁及芒果的自然農法，在大崎漸漸獲得認同，用真心把關的農作，使得大崎出產的農產品獲得好評。社區居民開始學習在網路上成立粉絲頁，藉著不同行銷活動，讓大崎製造成為驕傲的商標。龍眼收成時，聚攏在鐵皮屋裡挑揀龍眼的老婆婆們，抓了一把剛剛離枝的龍眼遞給我說：「吃吧！在外地你看不到這麼飽滿的龍

1	
2	3
	4

1 舊地名重現計畫施作現場。（社區提供）

2 馬賽克地磚是由居民共同鑲嵌的記憶。（社區提供）

3 臺南藝術大學的學生與居民共同搭建社區廚房的茅草屋頂。（社區提供）

4 由臺南藝術大學生製作的大崎社區模型，現存於社區活動中心。

眼呢！」農忙之餘，陳來福老先生會製作竹鼓、地鈴，然後教導村莊裡的學童這種即將失傳的老玩藝，阿福伯的竹鼓沒有師傅，也沒有樂譜，他是從老一輩口傳心授而來，竹鼓使用的材料是在地的竹子，地鈴是打轉的竹製陀螺，阿福伯說：「如果再不傳承，就會消失了。」他每週在活動中心開課，透過早期就地取材、樸實的童玩，讓年輕一輩學習傳統工藝的精彩，目前竹鼓隊學習有成，時常到很多社區表演。陳登清理事長和一群社區的前輩目前投入一項四年的農村再生計畫，以改善社區及活化產業，並保存文化，開發創意生活，他們要在社區內規劃一條兩至三小時的步道，在三角點山上開闢的散步道，有一片美麗的桃花心木林，走在曾文水庫的稜線，一邊展望南藝大，一邊望向水庫，將讓大崎留下綠色文化資源，而且，他們也希望在雙鳳宮周邊發展廟宇文化，以當地莿竹建置涼亭，嵌竹圍屋，編織為籬，在竹亭中奉茶，這樣，既可以展現大崎之美，更能有熱情待客之道了。至於在藝文方面，這一年來募集了一百萬元，將要在中山堂建置兒童藝術圖書館，其中麻豆碗粿蘭仔捐助十萬元，南六企業捐助十七萬多元，他們都是因為關切地方的深情而捐助，圖書館的書籍已經開始募集，誠品文化基金會也大力協助，邊陲地區的文化遠景，將一點一滴成形。

人

里長伯的炭烤芒果乾

里長陳延海，人稱海哥，是陳登清理事長的兄長。從事芒果、柳丁種植，依傍著藝術大學開一家輕食咖啡餐廳，店名蒲公英貓餐廳，簡約的鄉村風設計，牆面上彩繪有生動可愛的貓咪，餐廳營造輕鬆自在的用餐氣氛。住家與藝術大學同時建造，開設這家餐廳是一股搏感情的勇氣，因為山村裡，沒有熱市，只有假期遊客較多，陳里長是抱持著服務藝術大學師生的態度開店，他說：「願望像蒲公英，風吹起來，就可以深根茁壯，所以，做就是了，不用想太多。」餐廳提供了義大利麵、燉飯、火鍋、簡餐，還有很多的輕鬆小點、飲品、咖啡，讓上門顧客有更多樣性的選擇。

海哥最讓人稱道是經營水果的事業，他以在地臺南小農的身分，呼籲大家拒絕農藥污染，秉持把純淨還給大地的理念，用自然農法經營「無農藥水果」，每年他的芒果才收成，網購訂單便供不應求。我前去採訪時正好是八月，黑香芒果盛產，蒲公英貓餐廳外的工廠堆滿採下裝箱後圓圓綠綠的芒果，燠熱的天候催熟果實，發出濃濃的甜香。鐵皮屋裡，海哥正以傳統柴火烘焙芒果乾，一餅餅黃澄澄的芒果乾，像一張張甜蜜蜜的笑臉，張開、飽滿地俯仰著，海哥說：「這些芒果要用柴火烘焙一天半以上才會乾燥完成，沒有防腐、沒有加糖，天然的最好！」由於預約的人太多，這些躺在熱灶上的芒果乾，早就是「名花有主」了呢！談起社造與社區的願景，海哥說：「鄉下人，每天的工時從天未亮，做到日落西歸，勞動尚且無暇，哪有時間投入社區營造呢？」所以，只能在不

海哥使用柴火細炙的芒果乾，
焙出自然的香甜味。

可能中求可能，早先，保守的居民對於社區營造多所疑慮，他憑著愛護鄉土的心情，一一遊說居民，放下疑慮，同心努力，目前與擔任理事長的弟弟共同努力投入水土保持農村再生計畫，希望可以追隨美學與環保的理念，開出一條山林散步綠道，讓社區更美好。他更希望可以藉文創的行銷，做週末市集，留住年輕人！

阿嬤的菱角粿

來到大崎，無人不知的好味道是林沈月香阿嬤的菱角粿，我是花了三顧茅廬的工夫才親見阿嬤炊粿的流程。第一次到大崎，正好是蘇迪勒颱風掠境，颱風過境後好幾天了，阿嬤的家園還是陷入極度混亂中，屋子裡堆滿搶摘下來的芒果，歪歪斜斜在地上疊羅漢，竹篾果籃插得滿天高，張著圓圓的空嘴，好像來不及等待宣示果品的身分，就被阿嬤丟滿地，我朝屋喊著阿嬤的名字，她不理我，因為穿著雨鞋，彎腰勞作的她，大概連說話的時間也沒有。一週後，我又去大崎，阿嬤的芒果好像也沒減少，倒是大部分都裝箱、裝籃了，八月的暑氣燠熱，阿嬤全身都是汗水，當她拎著一籃芒果走出來答話時，我看見她滿臉都是土灰，以及黑色的污泥掃過臉頰，這一次，阿嬤忙壞了，也沒給我好臉色看，只是咕噥：「芒果都要在樹上熟爛了，哪有時間採訪呢？」我想她是真正忙壞了。將近一個月後，我又再度去大崎，一如說好的初一，或是十五的日子，她才有空放下農事去炊粿，這一次，阿嬤真的有空好好炊一整天的菱角粿了。

阿嬤是六甲人，娘家早先就是做菱角的，哥哥是六甲農會的股長，還未出嫁時，她就知道農會有家政課程，一九六七年嫁過來大崎之後，一九七四年參加農會開設的家政班，因為年資深，自然就成了家政班的班長。一九八九年，當時的臺南縣政府舉辦了三十一鄉鎮美食比賽，阿嬤被推派代表出賽，她以官田特產的菱角做成菱角粿參賽，脫穎而出獲獎，於是，原本在市場賣生菱角的阿嬤開始做菱角粿販售，開始時，做肉燥口味的菱角粿，卻銷路平平，後來改做素食反而大受歡迎，於是，打出了充滿地方特色的菱角粿的口碑了，至今每到隆田菜市場擺攤賣菱角粿，常常一、兩個小時就賣完收攤了。

阿嬤的菱角粿是用傳統的大灶、柴火炊煮的，她先將菱角剝殼蒸熟，再炒素料備用，然後才拌入磨好的米漿裡加入剛燒開的滾水，一邊攪拌，一邊放入素料、菱角拌勻後，接著最大的工程就是將一大蒸籠的粿湯，抬到柴燒的爐灶上慢慢蒸約五小時才能起鍋，每個蒸籠的食材二十幾公斤，只見阿嬤在菱角粿炊熟後，大喊一聲：「閃！」然後兩手抓起蒸籠，順勢就把整籠的粿扛下來了。蒸好的菱角粿從鍋蓋

1　阿嬤的灶腳堆滿薪柴，柴火炊煮出菱角粿特有的氣味，是社區的驕傲。

2　炊粿過程中從灶邊潺潺流過的水流，是阿嬤發明出的自動冷卻法。

3　騎著野狼一二五載著菱角粿，氣勢非凡的阿嬤。

一掀開，香味就撲鼻而來，飽滿的粿切開後，一塊塊的菱角餡料，像藕色的圖騰嵌在白皚的米色上，隨手拿一小塊送入口，軟Q而不爛的口感，散發的正是秋爽的清香。阿嬤說，菱角最有營養的部分是外表的一層膜，所以她的菱角粿都是連薄膜一起蒸煮的，阿嬤說：「現代人，做事要有sense，每天求進步才能『對流行』！」做菱角粿是阿嬤最得意的傑作，她說：「種芒果，要看老天的臉色，賣芒果，還要看生意人的臉色，都是『加羅』（多勞累）的，還是炊粿較實在！」

阿嬤今年七十二歲，扛起將近三十公斤的粿籠放在機車載走，動作俐落，輕鬆自如，她發動野狼一二五，在彎彎曲曲的上坡路，呼呼地載粿而去，那氣勢簡直是鄉野版的鋼鐵人，威風凜凜，騎經我們身邊時，她黝黑多皺紋的臉龐，滿佈燦爛的笑容，很熱情地邀請：「有空再來吃粿喔！」

屋頂上的藝術家

大崎社區中還有一位臺灣廟宇傳統工藝大師「剪黏」達人陳俊旭先生，陳先生曾以馬賽克為社區製作兩張親手設計的椅子，放在家門口，這兩座充滿現代感的椅子，就是他家的標誌。「剪黏」屬於鑲嵌藝術的一種，運用在陶碗碎片、玻璃及陶土材質上，以特殊的工具鑽石刀剪成所需的形狀，再黏於灰泥捏塑而成的粗坯上，這種傳統工藝，因擁有華麗的色彩和細膩的工法，很能襯托廟宇建築的宏偉。

陳俊旭一家人是從六甲遷籍來此，一九七五年國中畢業後，想學一技之長，所以到新營拜師蘇龍源，學習剪黏技術，一九七八年學成出師，出師後第一個案場在嘉義布袋永安宮。當學徒的過程很艱辛，要煮飯，每天要用豬血或糖水捶打石灰，為師傅備料，石灰要捶打成具有黏性的團狀，往往要花費一整天，這些都是很艱深的苦工，熬過打石灰的階段，才能開始拿剪仔，剪出一根根黏貼盔甲的金剛鍾，金剛鍾是纖細不及一公分的玻璃針，細如牛毛，每枚金剛鍾都是細膩的技巧，之後才可使用鑽石刀，剪出碗片的造型，一步一步的學藝完成才成為師傅，陳俊旭先生記得他剛出師，月薪是四百元。

出師後，翻修廟宇時，剪黏的圖稿都是自己構圖、自己繪製，他喜歡在作品上安插掛軸寫上祝福的話：「風調雨順、國泰民安」等等，南投集集武昌宮重修時，他在廟宇屋頂上寫著：「災後重建，神蹟再現」、最近重修澎湖天后宮時，他運用麻糬灰的古老技術修復，麻糬灰製造手續麻煩，要用糯米，加上石灰敲打，這種繁複的技巧，已經很少師傅會使用了。陳俊旭先生知名的作品除了大崎的雙鳳宮之外，還有二林廣懿宮、臺南仁德保生宮、新營代天府、安平碧雲宮、高雄燕巢的南聖宮等等，他

1 剪黏使用的陶碗與切割工具。
2 陳俊旭師傅手法純熟，幾次來回，型態雅致的花瓣轉瞬完成。
3 屋簷上的剪黏作品都是師傅自己構圖，將祝福鐫刻在剪黏作品上，是傳統也是創新。（桃園仁壽宮，陳俊旭提供）

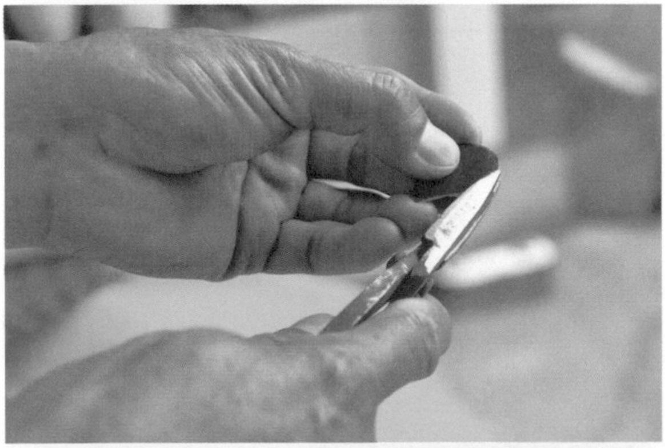

和一般剪黏師傅不同的是：特別注重線條的寬舒流暢，讓線條在屋頂上彷彿流動的風，或行走的雲，清暢自如。這一生中的作品，他認為最有意義的是近年重修布袋永安宮，那是自己老師的舊作，重修的過程裡，看見老師的心血，也看見自己的長進，那是有著深刻意義的。陳俊旭先生是傳統匠師協會的一員，他也多次在臺南藝術大學開設課程，教授剪黏技術，讓傳統工藝可以薪傳久遠。

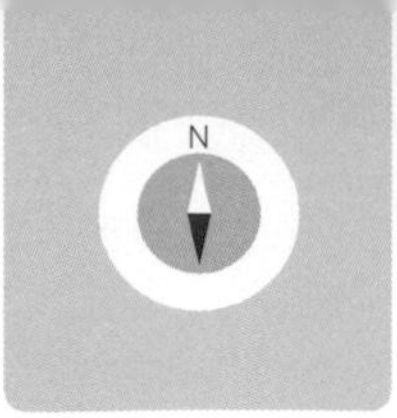
N

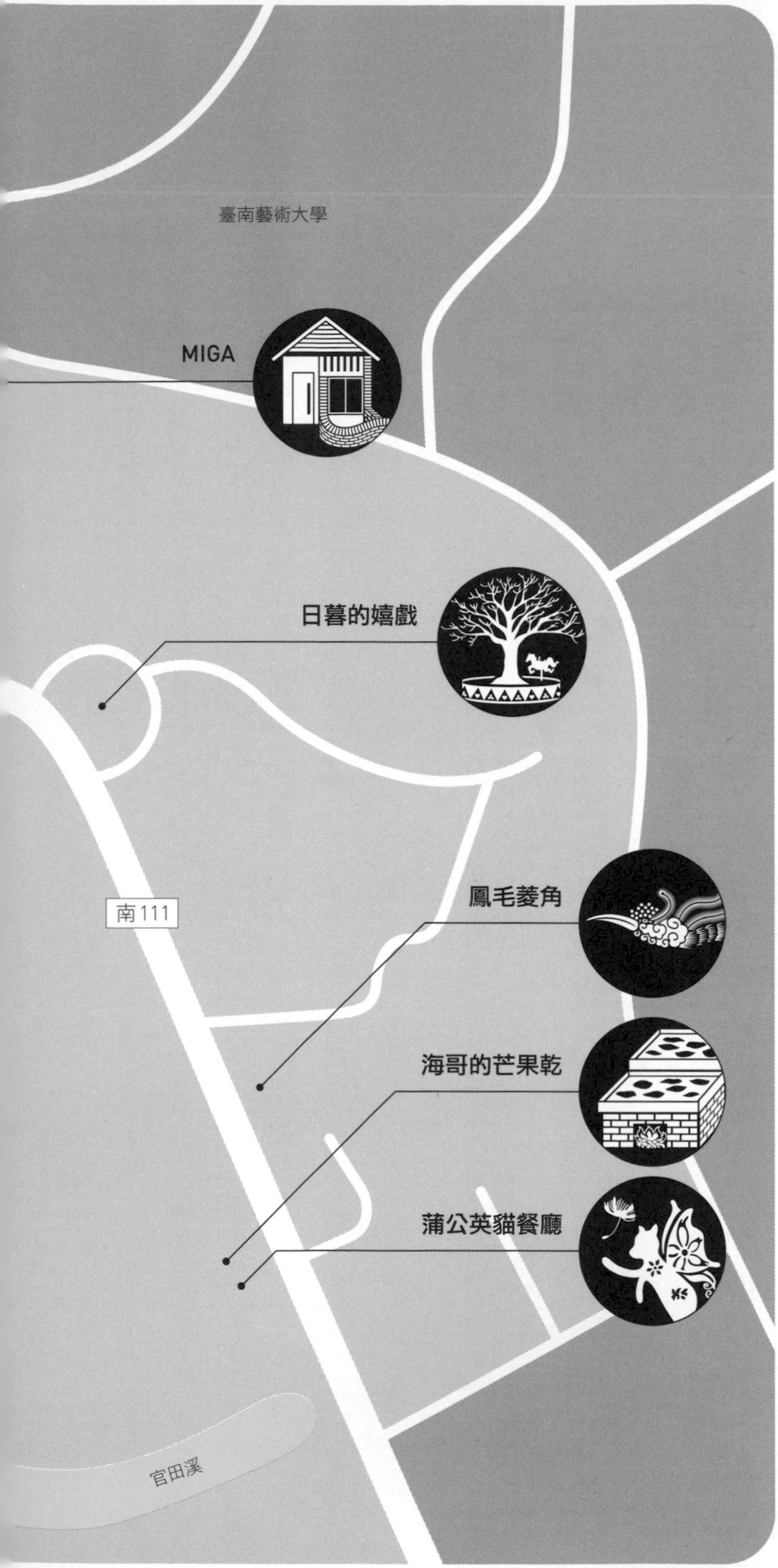
臺南藝術大學
MIGA
日暮的嬉戲
鳳毛菱角
南111
海哥的芒果乾
蒲公英貓餐廳
官田溪

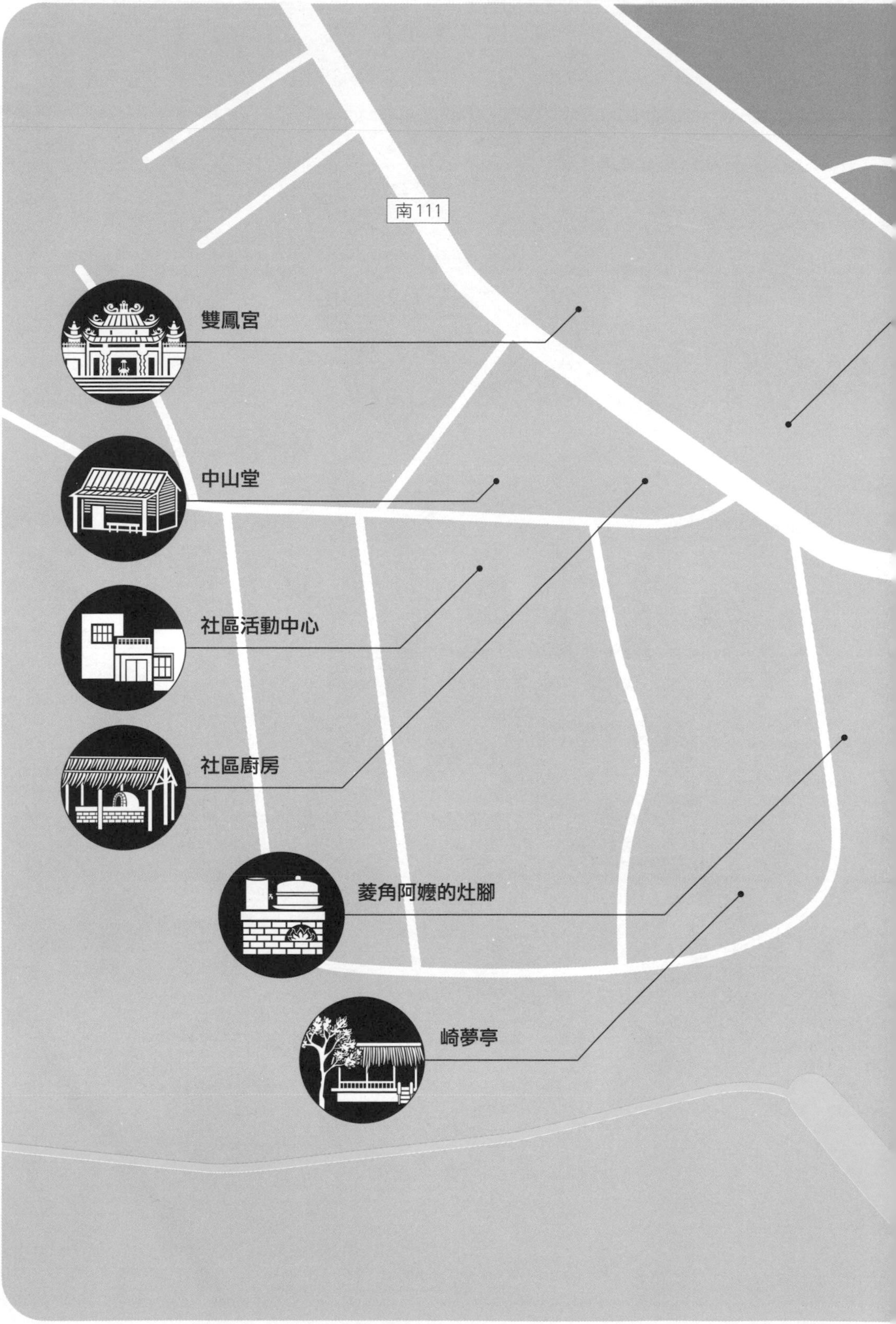
南111
雙鳳宮
中山堂
社區活動中心
社區廚房
菱角阿嬤的灶腳
崎夢亭

6

白河

虎山社區

兩隻老虎跑得快

虎頭撐頷，盤踞其尾
炯炯目光凝視著
木屐寮、虎仔墓、十七戶
滄滄的幾百年過去了
此刻，沉睡的老虎再度躍起
牠要走出自己的社區農村再生之路

史

那一隻傳說中的老虎

虎山社區，位於臺南市白河區的中心，北臨白水溪與汴頭里，南鄰大林里，為枕頭山腳。虎山里為白河市區通往關子嶺的白關公路必經之地，亦是通往白河北區賞蓮區竹門、甘宅、內角等里的通路。本社區聚落配置主要有虎仔墓、木屐寮、十七戶。虎仔墓庄的起源有二：一是傳說鄭成功來臺時，從唐山載來兩隻老虎，整治平埔族人，其中一隻在民雄被當作山貓打死後，葬於此處，故名虎仔墓。另一說法為枕頭山餘脈，其形如虎，當時此地為墓園，日人開路後，人口遷入逐漸成庄，故稱虎仔墓。虎仔墓地靈風水甚佳，因而早期多有大戶人家，現今仍留下頗具規模的三合院。木屐寮在社區北部，早期居民以製木屐為生，因此得名，木屐寮是虎山里最大庄，居民以吳姓為主。十七戶仔位於木屐寮以東，白關公路拓建時，山上的土石下滑，致使山上的麒麟尾庄漸成廢庄，其中幾戶遷於此，加上光復後外人移居本地，剛好十七戶，因而成為本地庄名。

民間傳說虎仔墓地處虎穴，所以當地老一輩傳下來的習俗，不管過年，或廟會拜拜，都不准燃放鞭炮，因為怕驚嚇到虎穴中的老虎。一九〇七年關子嶺通路之前，此處地勢頂高下低，狀似老虎撐頷，日人開挖公路，從店仔塚與虎仔墓穿腸而過，沿路墓塚一分為二，當時人傳下歌謠記錄地景沿革：「店仔口塚虎仔墓，為著開路對中通，當時沒人敢反抗，才會墓分路兩旁。」「虎仔斷尾，庄頭衰尾」是耆老深覺遺憾的事，然而，道路開通，生活機能改變，鄉村的沒落自是難免。

百年前農業仍然興盛的年代，村莊裡人口眾多，一戶約有十人，三代同堂，人丁興旺。隨著經濟起飛，離農人口增加，年輕人向外發展，在都市生根，農村逐漸凋零、沒落，老舊房舍頹圮，多數建屋土地多人分割無法解決，只能任其雜草叢生、成為一幢幢蕭條的空屋。

在王得祿的傳奇裡

白河人世代流傳，王得祿為木屐寮出生，從戰有功，誥封太子太保，關於他的事跡見諸文字和傳說甚多，一七七〇年誕生那年，據說枕山山靈感應，大鳴三日，遠近皆聞。王得祿生父姓吳，為諸羅溝尾庄望族王必敬的佃農，王必敬來枕山收租時，看見王得祿頗有好感，便收為養子，王得祿被收養後，由於他生性頑劣，難以管教，時常逃回生母家，難以約束，在外滋生事端，幸賴兄嫂呵護，才得以順利成長，民間傳說，由於王得祿的不凡出身，使他即使夜間行路都有神火兩旁護駕，有一次，被責罰禁食，關覆在染布的大菁桶裡，兄嫂不忍，掀蓋探看時，驚見蜷臥一尾大蟒蛇，原來那是王得祿的元神，由此神蹟，自此家人呵護有加，遊學庠序，盡學武藝、加官晉爵成為清朝時期全臺灣受封官職最高的傳奇，王得祿因此成為鄉里人的驕傲。在他四十四歲榮顯時，特別感念兄嫂扶持的養育之恩，奏請嘉慶皇帝誥封其嫂為一品夫人，可見王得祿不忘本的精神。點滴故事流傳百年，傳說無論真實與否，民間的信仰裡，這裡是靈穴，出過能人，如今虎山社區人走過的足跡，也都是偉大不凡的前人所踏臨之地，斯人不遠的驕傲，會鼓勵後代子孫也踵繼前人事業，再創另一個虎躍的傳奇。

事

土地公戴紗帽

虎山社區以土地公廟「福顯宮」為信仰中心。木屐寮為王得祿的出生地及童年住所，據說當年他流連在外時，土地公時常以兩盞燈火護持，日後王得祿助平林爽文案有功，並屢建功績而居水師提督，為感謝本庄土地公庇佑，特向皇上討封，乃御賜土地公戴紗帽。一般土地公是穿藍袍繡壽字的外帔或員外帔，頭戴員外帽，右手持如意或拐杖，左手握著元寶，像這樣受封而頭戴烏紗帽的土地公，全臺僅有，十分難得，所以白河人流傳一句話：「土地公戴紗帽——變相。」就是由此而起。冊封福顯宮土地公時，當時有受封土地，一九六〇年左右，因建造白河水庫，徵收土地公廟的土地有了經費，於是成立管理委員會，由吳再共為會長，之後，虎仔墓兩席：吳萬來、吳清爽，木屐寮兩席：王潤、林明建管理土地公會，然後，才過戶給吳慶松、吳新再、林慶德、王正安，當年徵收土地的錢及租金拿來做地方建設，蓋古井、蓄水池、木屐寮的木林橋改建成水泥橋，拉管線完成自來水系統，居民不用再擔水過日子，福澤利民，都是土地神的庇蔭，所以，村民對土地公的信仰十分堅定。

福顯宮後方的一片荔枝園，是王家公館遺址，現已成為廢棄的雞舍，這塊土地除了周圍砌起的石頭是王家舊物外，其餘屋材據說都已被拿去做豬稠底了。村民曾在牌樓下挖出古文物及篆刻印章，據說三十幾顆雕有虎豹獅象圖騰的礱石印章，在民風未開的年代，被磨成粉末，塗抹肚臍，醫治小兒腹痛傷風去了。零星的幾顆，分散保留在民間，前任理事長林再祿家中便有一顆，視如珍寶。

策杖走來古寺道

在牛車行路的年代，木屐寮是從關子嶺下山的第一個平原庄頭，為節省運送的時間及人力，很多物資就地製材，木材削成木屐，滿街木屐業盛況極盛一時，當時木屐寮比店仔口還要熱鬧，所以，人人往大仙寺、碧雲寺的古道，多取經此，丘逢甲曾有詩〈辛卯首春招同賴俊臣、徐炯爾、賴遠瀾、蘇祥其、王師竹、林行仁遊玉枕山由大仙巖抵碧雲寺〉可以為證：「策杖來探海外奇，春風吹客出城時。路從虎墓穿林曲，泉繞麟巖下澗遲。窺井少酬諸葛志，搴雲同賦大蘇詩。莊嚴尚鮮開山手，何處談禪覓戒師？」從府城一路，經新港社、目加溜灣、

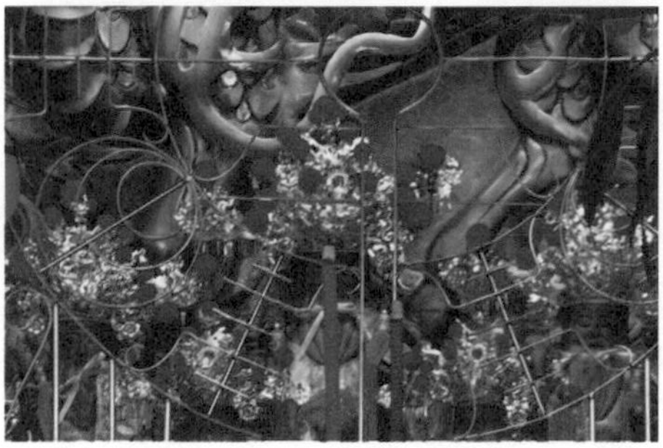

1 福德宮外樹影婆娑，土地公是村民的信仰。

2 頭戴烏紗帽的土地公是虎山社區獨有的故事。

茅港尾到哆囉國社，過白水溪，往木屐寮，從木林橋北轉，經虎仔墓，入密林，轉東過風櫃門便是大仙寺、碧雲寺了。文人足跡所到、商旅來往必經，至今留下的詩文與盛事仍然是古道探索時，津津樂道的文化資產。

人文、地產、景

虎山社區發展協會在一九九九年便已成立，歷經三位理事長黃長春、吳再添、林再祿，現今吳昕璨理事長是第四、五任。二〇〇五年，家業種植龍眼的林再祿先生擔任理事長期間，就開始整理社區地景，在通往關子嶺的十七戶部落，種植花木、整頓公路，當時，以咾咕石點綴道路景觀，立下虎山社區開發的規模。吳理事長就任後，致力於農村再生計畫，從地產、人文著手，以農村在地企業化的方向，推動諸多業務。社區將農民的材料做成加工品，利用當地農產、在地食材如龍眼乾、竹筍等做成風味餐、開發農事體驗，也有以「焢窯」等為主題的農家樂！這些配套的旅遊行程利用農村的特色，將收成的農產如綠竹筍、麻竹筍、龍眼、荔枝、香蕉、火龍果等放入行銷體系，社區目前設有農產品行銷中心，但是仍在努力階段，吳理事長希望藉旅遊行程，吸引商機，也提供年輕人更多就業機會。產業經營之外，更進而開創文化小童玩，比如鮪魚罐頭回收再利用，製成充滿古趣的童玩，喚起許多人小時候以番薯換麥芽，破銅爛鐵換麥芽糖的記憶。以「老虎」發想的文創品，如老虎香包，也是目前大力促銷虎山社區文創的品牌及圖騰，在許多小旅行中放入製作老虎香包的體驗，讓很多人對於虎山社區留下印象。至於產業合作的部分，一九九七年雙鶴靈芝來此設廠，目前工廠製作流程有導覽參觀行程，長順窯製磚舊址、白水溪生態等都成為觀光旅遊的一部分。至於結合

1 善用回收的罐頭製成的童玩。
2 竹筍。
3 龍眼乾。
4 木成香菇農場。

鄰近社區資源，比如春天的木棉道花開時，虎山與木棉花的春天，是踏查旅人所愛，旅遊時，運用當地養雞達人歐龍正老闆的養雞場提供風味餐，農村三天兩夜的小旅遊行程中，歐老闆的桶仔雞成為最道地的首選！

在虎仔墓通往木屐寮的路上，社區志工將村裡的生活巷道整治，遍植變葉植栽，古時，這裡有三百多戶人家，出入庄頭，從人家屋簷走過，下雨時都不會淋到雨，當時人稱「不淋雨街」，現在，社區希望藉著整理環境，找回昔日風光。虎仔墓的保正大厝，是早期居住於虎仔墓的有錢人家，目前保留完整的大型三合院，當地居民說，此戶人家為新營客運的大股東，因此往關子嶺的公車，必定在虎仔墓站停候，等確定無人上車才開車，以表示對大老闆的尊重，至於吳江場西式洋樓，也是值得整理成為文化資源的建築。近來在十七戶興起的「虎山咖啡」，也是社區活動的好地方。南九三木

松青

1 保正大厝保留傳統三合院的樣貌。
2 斑駁的門板鐫刻著吳家曾經輝煌的歲月。
3 長順窯的紅磚層疊在虎仔墓的土地上，吳江場故居的色調依然鮮明。

屐寮外環道路，是白河交流道通往甘宅、竹門……等聚落必經，也是白河賞蓮自行車道之路徑，遍植印度紫檀的行道樹，景色優美，適合營造社區自行車道和登山健行樂活古道，社區結盟的「戀戀山城——東山嶺南和白河虎山」之旅，讓在地景觀資源多元配套，提振鄉村小旅遊，是社區努力的重點。

人

明心見性善知院

善知院是虎山社區裡，一處幽雅寧靜的禪修處，此院是以達摩祖師為宗教信仰的道場，

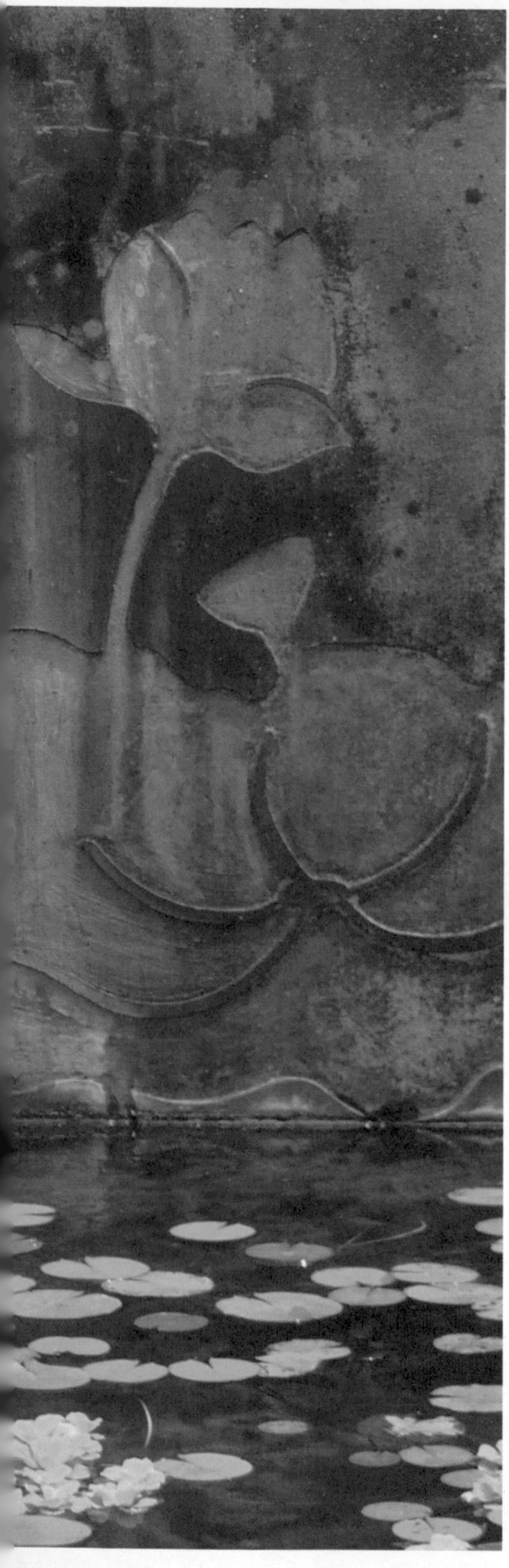

如是齋外，荷花砌起了一面牆，
善知院的風平靜了每個旅人的心。

食療養生指導師李若琦，說：「這片清淨地，是廣納寧靜心靈之處，來到這裡，我們希望您：一切煩惱心都放下來。」園區裡蓮花處處開放，整片大地綠意盎然，吹拂的風、湛藍的天彷彿在這裡，都靜止棲息了。善知院在虎山社區開墾二十多年，原本只提供場地給參加的學員，這一兩年因緣際會對外開放，也正好內政部在推動「Temple Stay in Taiwan」，透過專案輔導，善知院又會呈現出新面貌。

善知院園區內有「見性花圃」栽種不灑農藥的蔬菜，黃金番茄、石蓮花等等都可以讓入住的遊客享受親摘蔬果的田園樂，「如是齋」前的水塘造景美觀而且栽種水生藥草，在這裡的餐食，蔬菜都是從菜圃剛摘下的，新鮮而原味十足，足具養生療效。虎山社區與善知院合作，將小旅遊的老虎香包製作課程融入善知院美好空間氛圍裡，院內「舒憩禪房」，提供多元禪修學習課程，在此，要求旅遊禪修期間不

攜帶電子設備，讓自我身心徹底釋放與修習，清淨禪觀療癒的特色主題，也呼應了虎山社區以大自然召喚人們，在山明水秀中，喜愛這個社區。早期這裡是禪修清淨地，與社區居民互動較少，由於吳理事長的努力溝通，以及院方的雅量，善知院也成為社區文創產業的新亮點。

沒有工作是別人的！

吳昕璨理事長，他最常說的是：「我只是一個耕種的筍農，但是，為了社區，我什麼都可以學、可以做！」種植竹筍，他最在行，服務公益，他最熱心。生性積極樂觀的他，黝黑的臉龐上，永遠充滿著希望的笑意。二〇一〇年，他從前輩林再祿理事長手上接下社區理事長的重責大任，至今已是第五年。五十二年次的他，一身T恤，牛仔褲，精明幹練，像大學生一樣，樂觀，而且處事身段柔軟而具親和力。

善知院的老闆說：「長相 baby face 理事長，是永遠的十八歲！我們都被他一一說服了，所以一起來為社區做事！」活力無窮應該是他給人最明確的印象，他說：「我最像打不死的蟑螂！打拚做事，是我的宿命！」

吳理事長經營社區的理念是：「社區應該自我強大，社區企業化，賺錢養活自己，才是最重要的方法，也是最長久之計！仰賴外來的補助，會在過程中斷續，或者退下！」因此，如何讓鄉里事務與社區結合，他認為很重要。為此他競選里長，二〇一四年十二月二十五日當選里長後，讓社區活動中心再度成為活化的資產，目前他計畫一步步整修這棟建築，將社區的歷史、文化、農產品、旅遊資訊一一放進去，讓它不再是乏人問津的蚊子館。吳理事長說：「農村再生已經三階段了，關懷、進階、核心、再生，這個架構是由前理事長來的，我在此基礎上，續作而已。」

當時接手理事長時，關於「農村再生」只是一本手寫的草稿，不會使用電腦的他，親手去抄寫，一字一句都有他對於社區的期望。他說：「我們努力去做，就會有很多人願意幫忙。」就像張菁育師姐，是廣濟學院開設時，認識的社區志工，看到吳理事長對於社區付出全力，感動之餘就讓她的女兒顏毓蓁，帶著電腦來協助，再加上蘇麗萍教授的協助，以及後來幾位農村回流的大專青年一起動手，終於完成「虎山社區農村再生計畫書」，吳理事長說：「一路都有貴人扶持，我從一無所有中，開始一點一滴學會電腦，只要哪裡有農村改造的課程，再遠，我都會奔去上課！因此，農村再生計畫成形了，我也成長了！」多元就業、訓練導覽員、旅遊行程規劃、村民意見的溝通，幾年來，他幾乎沒有停歇腳步，因此，才能看見目前一點點成果。記得他當理事長的前半年，做事本分保守的父親對他說：「個人顧庄頭，賺錢卡重要，你不要湊別人的閒事！」固執的父親有半年時間，都不肯諒解他。但是，照顧著鄉里，一直打拚於社區營造的吳理事長，還是一頭栽進別人的事業中，為社區奔走勞苦，他的名言是：「沒有工作是別人的，大家不做的，我都來做！」憑著打不死蟑螂的精神，他為虎山社區開創一條連父親都願意認同的路，二〇一五年十二月的農村小旅遊，他辦得有聲有色，一波一波的訪客在週日假期來虎山社區焢窯，當日最高紀錄就有四百人次。吳昕璨理事長相信，小時候，聽聞老一輩傳說的那隻老虎，曾寫下虎仔墓、木屐寮的傳奇，現今，更耀眼的時尚、流行、農村再生的虎威，要在他和村民的努力下，跑得更快、再造傳奇！

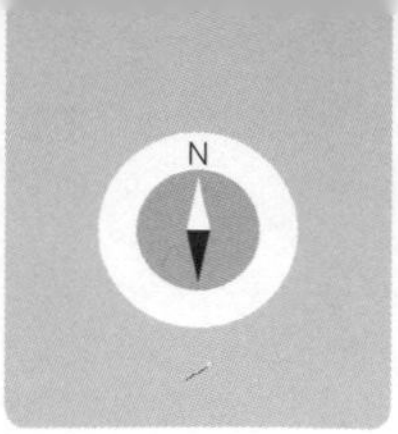
N

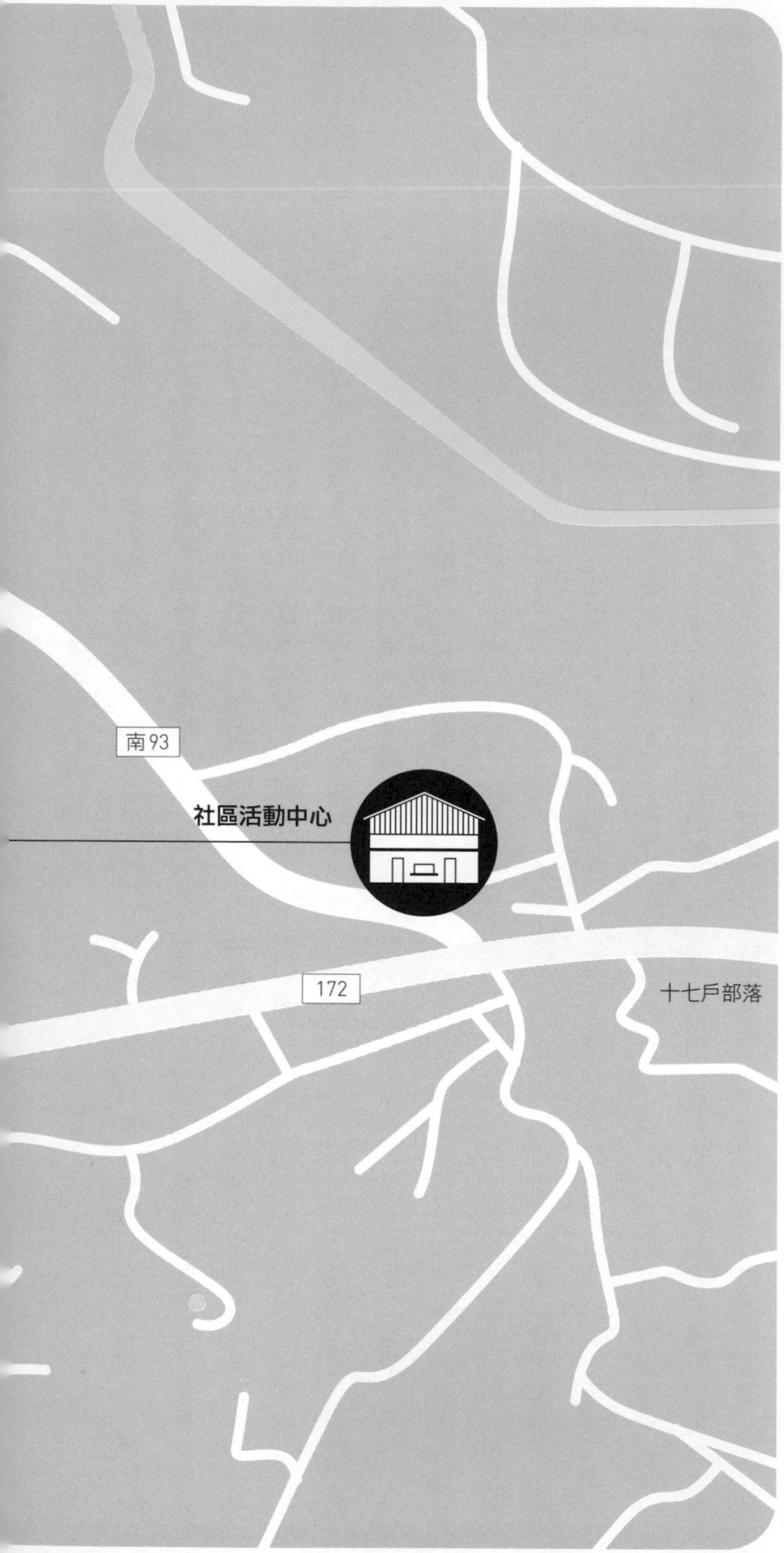
南93
社區活動中心
172
十七戶部落

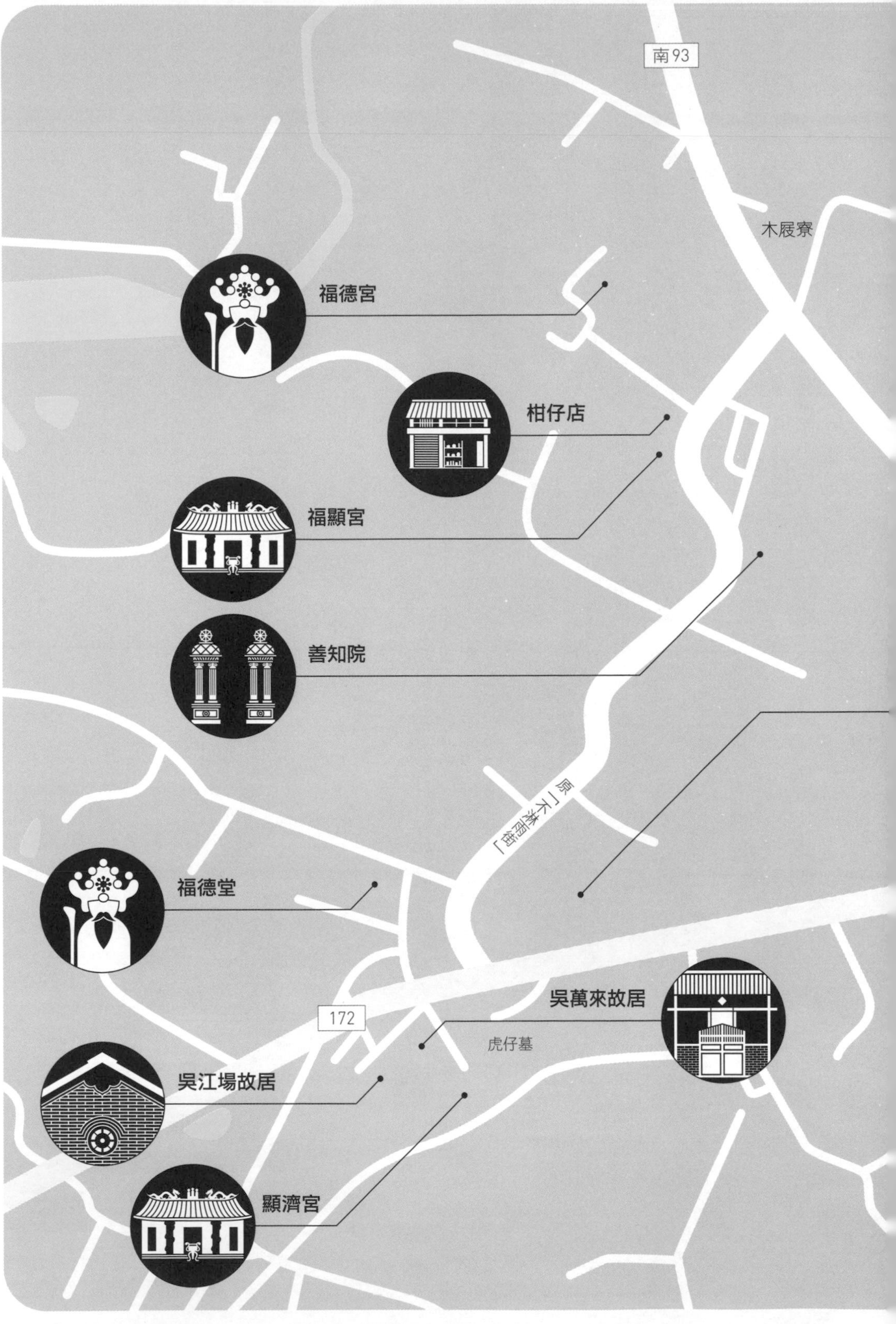
南93
木屐寮
福德宮
柑仔店
福顯宮
善知院
原「不淋雨街」
福德堂
吳萬來故居
172
虎仔墓
吳江場故居
顯濟宮

7

新營

大宏社區

當綠意滑過我們的掌心

汪汪水流去
綠意捧在手掌心
陽光下
都市農夫笑臉盈盈
以魚菜共生的理念
實現一個環保的夢想

史

「車頭」發展的機運

新營，過去是平埔族哆囉國社生活的場域，鄭成功來臺後，因需供應陸師七十二鎮，水師二十鎮，二萬五千官兵及政府官員眷屬等數萬人的糧食，因而實施寓兵於農的屯田制度，屯兵開墾營盤田，先有舊營，在鹽水區南方兩公里處，後有新營，新營以糖業興盛，日治初期仍是小村莊，盛景不如鹽水港，以及現今白河區的店仔口。一九〇一年設立新營火車站，一九〇二年縱貫鐵路開通，拜鐵路所賜，新營成為區域中心，飆起經濟「車頭」的能量，而有發展機運。本社區曾為縣治所在，所以機關多、醫院多、補習班多，當然公務人員也很多。

大宏里，北為民治路，西為中正路，東為新進路，南界則為文昌街，為市政所在地，社區內機關林立，市民代表會、臺灣銀行、市立農會、公路局工程處、衛生所、新營國小、新營高工、新東國中、興國中學等等，文教薈萃，社區人文素質很高。大宏社區名稱的由來是居民希望居住於此能「宏」圖大展，而有此名，但一般本地人都習慣稱此地為「王公廟」或「車頭」。

王公廟過火的信仰

王公廟同濟宮，位於民治路與民族路交叉口，是大宏、王公兩里的信仰中心。開基祖師陳聖王於清乾隆三十年（一七六五年）由福建漳州渡海來臺，與李、池、朱、姚、范、謝六府千歲合祀，一般住民稱王公廟，王公的地名也由此而來。「王公廟」境內光復後劃分為二，王公廟同濟宮是社區的信仰中心。

即王公、大宏兩里，以民治路為界，現大宏社區活動中心為王公廟產，所以總幹事戲稱：沒有王公廟，就沒有社區。每年農曆一月十五日王公廟慶典，慶典中有「過火」的儀式，一般廟宇抬神轎過火前，須先撒鹽、米，才讓信徒踏過滾燙的炭火以除穢，但是王公廟開漳聖王不用撒鹽、米，直接過火，而且信徒不會燙傷，此廟境民還都可以「觀手轎」，因此成為王公廟信仰特色。另一個信仰是龍聖宮白府廟，奉祀白府千歲，有人稱是戰國名將白起，有人稱

舊時建築的盛景已隨著都市發展消逝，
徒留斷井頹垣的唏嘘。

是白鶴童子，未加定論，法像是持劍降魔的武神，護佑地方，此地民間信仰仍然十分虔誠，每逢神祇祭典，遠近善男信女膜拜，鑼鼓聲天，盛況空前。

庭院深深化煙塵

耀舍娘宅是大宏社區內特殊的建築物，此建物為劉家舊地。臺南柳營劉家，在清領、日治時期都是一方望族，耕讀世家。最盛時，劉家擁有良田數百甲，是典型大地主，雖為貴冑，但是並無仗勢欺人或恃富驕恣之行，頗得地方敬重。清咸豐二年（一八五二年）劉圭璋中舉，光緒十五年（一八八九年）劉澧芷中舉；一門中秀才者有三。一九二七年劉明電修得德國柏林大學哲學博士學位，是臺灣首位專研馬克思主義的學者。後代劉永耀，遷居新營，建造一棟文藝復興式樓房於新營國小後側，因劉永耀在洋樓落成後十年即早逝，其妻陳恨，人稱耀舍娘，掌理家業。長子劉燦波，別號吶鷗，是文學家、影劇家、報社人。一九二六年到中國，在上海開書店、編文藝雜誌、寫作、拍電影，一九四一年遭到暗殺，當時又名山口淑子的李香蘭，因為感念劉吶鷗的提攜，在臺南大舞臺登臺時，特別情深義重地前來祭拜，此事轟動一時。劉吶鷗死後，事蹟隱滅無聞，後來由民間學者秦賢次、中央研究院研究員彭小妍及研究生許秦蓁著論《重讀台灣人劉吶鷗》，才讓劉吶鷗回歸到應有文學藝術地位。耀舍娘宅是社區內特殊的洋樓，建築屬於文藝復興巴洛克式，其氣派與規模與臺南市民權路公會堂相當，古色古香的雕樑棟宇，庭中有八角涼亭，是人人稱羨的大宅第，臺南作家阿盛曾回憶年輕時，「借住的小屋觀望洋樓，庭院深深，無燈無人，大致維持良好；地方傳說鬧鬼，我不太相信，出入數次，但覺荒廢可惜。」一九九二年，因

家族意見不合，半夜推毀整幢洋樓，一棟富有文化資產意義的宅第，煙消雲散，十分可惜。

新與舊的拔河

社區內原有歷時八、九十年的傳統日式建築，這一宿舍群，是當時鐵路局員工宿舍，木造房舍，黑瓦屋頂，兩排對立，庭中遍植花木，環境幽雅，然而，敵不過財團的角力，也已經成為過眼雲煙。現今新東國中所在地，原是東南亞最大藥廠，日本人在此製作治療瘧疾藥品，躲過幾番美軍轟炸，尚有倖存，但幾年前，急於翻新的搶錢熱潮，讓宿舍也一一拆除，幸賴社區有識之士奔走，才使得藥廠廠長宿舍得以保留，目前正在整建中。新與舊的拔河裡，社區裡的人文水平很清楚知道何者當留？何者不可去！然而，眼見一間間的宅院隨著老歷史消失而去時，頗有無力可回天之感！

現今社區新東路橋與臺鐵鐵道旁，有一座舊臺南縣第一間加油站，站旁腹地廣闊，兩棵龍飛鳳舞的老榕樹以及鳳凰樹、臺灣欒樹，形成優美景點。社區東側，由南而北有一段臺糖五分車鐵道，「五分」意即「一半」的意思，據何連成老師說：「臺糖的小火車軌距為七十六．二公分，只有國際標準軌距一四三．五公分的一半，因此稱作五分車」，現今保留軌道而未拆除，可以讓人回憶採收甘蔗時，火車呼呼而過的舊時景象。

事

最像家人的麻吉團隊

大宏社區發展協會成立於一九九八年，第一、二屆理事長為許榮輝先生，二〇〇二年社區活動中心大樓竣工，二〇〇六年蔡崇名擔任理事長兼里長，社區營造開始啟動。社區總幹事王瑞和，原是白府廟的主委，在前理事長蔡崇名的力邀之下，擔任總幹事，社區營造至今結合了堅強的團隊：現任理事長謝榮展是青商會創社社長，何連成老師是文史專家、書法家，提供強大的史料背景，作為社區書寫的後盾，八十五歲的高清貴先生，是布袋戲專家，說逗唱作俱佳，黃水閣課長從社會局行政課退休，是社區常務理事，提供民間團體的法規常識輔導，許倉原老師是小農市集及園藝專家，前新東國中周基山校長，寫得一手好書法，社區需要展示文字，都賴他大椽之筆揮毫，前臺南縣衛生局長退休的黃松明醫師，是可靠的醫療顧問，至於蔡明珠女士最無怨無悔了，活動中心的大、小事都仰賴她整理。她說：「這裡，天天都有人來走動，早上十點，下午四點是熱門時段，人來，久了就有感情，每天不來報到一下，好像失去什麼似的，所以，我當然要在這裡張羅囉！」王瑞和總幹事說：「我做社區，沒什麼口號，我只有一個想法，那就是把所有人才都吸納到這裡，為我們社區盡力！」在活動中心的辦公室裡，只見，茶水滾燙了，幾十年的老普洱，沖下去了，人情隨著茶香也濃了，這一群人，是情義相挺的好朋友，他們要在社區裡搏一世人的感情呢！

綠川柳岸水悠悠

綠川，是嘉南大圳流過新營市區的大水道，嘉南大圳是日籍工程師八田與一費盡心血之作，他讓嘉南平原十五萬甲的看天田，得以灌溉種作，貢獻卓著。現今新營市區都市化，大圳已失去灌溉功能，圳溝由東向西，蜿蜒穿過大宏社區的核心，已成為觀賞地標景觀，它彷彿一條動脈般流淌著社區的記憶與關注。蔡崇名里長就任後，帶領社區團隊從事綠化美化的工程，他自掏腰包捐出五百萬，加上官方補助，投入綠川水圳景觀整理，護欄加設了，木橋、亭榭讓居民有休憩之所，水道兩岸，鋪設紅磚步道，圳溝兩旁植栽光蠟樹、柳樹、穗花棋盤腳、雞蛋花，夜間走過水圳兩岸芳香無比。王瑞和總幹事說：「早年時，柳樹密生，於是

許松和先生憑藉兒時記憶，並參照當時照片，以精巧手工完成日治時期興建的神社模型。此作品於社區活動中心展示。

3	1
	2
	2

1 詩情畫意的綠川北街。
2 涼亭旁的藝術空間將會成為居民的創作展示空間。
3 綠川水圳夾岸柳樹。

天牛為患，甚至蛀蝕樹身，倒坍危害，後來在陳老師以生態植法用光蠟樹將柳樹區隔，颱風來時，倒坍的都是柳樹，光蠟樹安然無恙，所以，植栽的摸索過程，也讓社區志工上了一堂生態課。」圳溝岸，一間木屋，是預備作為「社區故事館」的場地，居民希望用照片講故事，讓社區留下值得讓後代子孫追憶的歷史。二〇一五年十二月，翻轉綠川藝術空間的活動讓社區中一百戶居民，每家做一件陶藝品，放在水岸邊的小木屋，號稱「百家陶屋」，使得柳岸綠意之外，更添藝術氣息，以及民眾對地景的認同與喜愛。這一條綠川讓大宏社區得到無數的社區評鑑優等獎，努力是看得見的，柳岸詩情文化步道已成為大宏社區的指標。

魚菜共生綠手指

許倉原老師的小農市集是從大宏社區做起的，許老師幾乎是植栽的綠手指，他把種植的經驗與社區分享。二〇一一年開始，社區在水

1　閒置的土地經過居民巧手整頓成為綠意盎然的社區農場。
2　魚菜共生利用循環供水的機制，設計出一套永續發展的植栽。

圳邊整治六十坪地，劃分成十三等分，以自然、健康、愉悅，自然農法為理念，無毒、無農藥、不用化學肥，栽種蔬果，在許倉原老師的指導下，居民流下汗水栽種，且歡欣微笑收割，享受了城市農夫的田園之樂。後來在何連成老師的牽線之下，地主黃浩先生又提供兩塊地給社區使用，其中一塊十等分，讓居民認養，另一塊黃先生自資填土，也將慷慨提供都市農場之用。黃浩先生是留美的教學碩士，退休之後，回到家鄉，老萊娛親，提供出土地，供大家認養，完成許多人躬耕親作的農夫夢，實在是很慷慨的大愛！

在都市農場進行的同時，王瑞和總幹事也開始經營「魚菜共生」的計畫，目前這個魚菜共生計畫的植栽正在實驗培皿中，未來這個魚菜共生的成果要放到圳溝去實作，王瑞和總幹事說：「水圳兩岸的景觀與種植要像臺北花博一樣，提供春夏秋冬不同的花景，才能讓社區四時之景有變化，可以吸引人一來再來！」

大宏社區的團隊共同的體認是：社區一定要走入社會企業的型態，不要只是倚賴政府補助，因此，成立行銷合作社，將是未來努力的方向。

樂齡課程選單多

城市農夫的體驗，讓社區居民每到清晨、黃昏時，一起來除草、種作，拉攏彼此的感情，社區內也有多項的樂齡課程，讓居民隨時充電與搏感情。豐富的課程有阿公阿嬤學英文、國樂班、卡拉OK歌唱班、有氧舞蹈班等，其中最特別的是：日語班，指導老師柯清淚因白色恐怖時期而遭牽連，度過坎坷的一段經歷，然而他為人耿直不阿，擔任社區日語老師，認真負責，親自撰寫精美講義，不僅將日語原文翻譯，而且還會將日文的出處及典故教給學生，深受學員愛戴。至於書法班，幾乎是社區裡最強棒的一班，周基山校長、何連成老師、王瑞和總幹事都能寫得一手好字，他們時常以「書法論劍」，絕招盡出，王瑞和總幹事說：「沒辦法，每個都是督導，不用功寫書法不行！」

社區開設樂齡課程，關懷中心照顧及訪視老人，多元的課程讓社區老人走出來。目前擔任關懷環保、身心障礙、樂齡志工共一百人，辦活動時基礎志工就一百人，扶老攜幼很容易成行，加上樂齡課程學生約四百人，社區要活絡，一定要有一個專人服務的對口單位，因此，社區活動中心辦公室永遠是門庭若市，不惜重本泡好茶、揮毫寫書法、談笑聊是非，這社區比家人，更像家人。

人

一切從零開始

在社區生活的店家，有賣麻油、碗粿的幾十年老店，也有新興時尚的創意店家，其中，希味工房是最近人氣爆紅的一間創意饅頭店。這家饅頭店的老闆是兩位年輕人，游朝清是社頭人，李培馨是彰化人，培馨原來是在友達上班，先生是在TOYOTA上班，金融風暴時，兩人相繼失業而一籌莫展，有一次，回到新營外婆家，因緣際會來到培馨小時候媽媽常常買饅頭的希味工房，因為這家饅頭店是「當天、現做」，很受顧客喜愛，於是，想跟老闆學做饅頭，自己創業。剛開始時，希味工房的鄭勝客老闆覺得那是不可能的任務而拒絕，可是游朝清及李培馨的堅定信念感動了他，終於，收了兩個徒弟。剛開始時，兩人每天凌晨三點起床學做饅頭，一切從基礎做起，光是打麵糰就讓他們每天雙手青腫，那時，苦撐著熬下去的日子，如今想來很是心酸！原先饅頭店的老闆鄭勝客、李婉琪夫妻以「牽成」的善念，教導朝清和培馨如何做生意，甚至把店和店名都頂讓給他們，朝清和培馨說：「他們真是我們的貴人！」

希味工房讓人驚豔的造型饅頭創意來自於想吸引更多小朋友喜愛，小朋友食量小，吃不完，所以先從縮小版的綜合小饅頭開始，後來慢慢嘗試做造型，沒想到因此累積了許多顧客，工房的食材訴求是天然原料，不做任何添加，黃色是南瓜，紅色是紅麴，綠色是抹茶，深黑色是巧克力，咖啡色是黑糖，所以安全地照顧了每位捧場的顧客的胃，目前造型最夯是小豬及小小兵，吸引很多人喜愛！

卡通動物造型的饅頭吸睛力十足，豐富的色彩都是使用天然的原料製作而成。

為臺灣農家做一點事

希味工房以來店顧客為大宗，而且很多是預購，讓食材品質，與新鮮度都能控管。培馨說：「我們不求量大、就是惦惦做自己的生意。」目前饅頭工房所採用的食材原物料盡量從有機概念的小農採購，他們期許可以朝著社區型的麵包店發展，透過向小農購買原物料，不僅可以帶動小農的農產品行銷，而且從在地取用食材，物料的履歷看得到，食物旅程也變得簡短而易於掌握，對顧客而言可以更安心食用，更可以達到低碳的食材旅程的目標。從小農到店家然後到顧客，是完美的供需三角循環，目前店內使用的小麥是嘉義東石來的，朝清與培馨說：「我們希望盡量將對於食材有想法的人，也一起拉上來合作！」

黃昏時，下班的人潮在民族路店門口慢慢聚攏，提攜牽拉的孩子們，張著圓亮的眼珠，在店門指指點點，買下那些童玩似的小饅頭，希味工房像迪士尼的百寶盒，用視覺與想像豐富的味蕾享受。兩位年輕老闆很珍惜他們在新營的市街上拚下來的一方事業，他們體認能力有限，所以不求做大，只求做好。老社區、新創意，但是實作的精神是感恩與傳統的，因而，希味工房正以安穩的節奏，守住踏實的人生。

樂仁幼兒園

民族路上，有一間地標性的學園——樂仁幼兒園，那是許多新營人共同的記憶，建校六十年的校史，也是大宏社區裡老一輩人記憶中，屹立不搖的地標。樂仁幼兒園是由「天主教聖母無原罪方濟傳教修女會」的系統而來，一九四九年隨著教會的遷往高雄，教會將發展重心移往南部，一九五五年在新營成立幼兒園。成立之時，臺灣幼兒園並不普及，當時德籍的蘇仁基修女以開風氣之先的大無畏精神，為新營地區點亮幼教明燈。在幼兒園開設的同時，也有開設診所，從事醫療服務，因地處市政中心，所以就讀的學生多半為中產的公教人員子弟。幼教開始就附設鋼琴班，司德望修女由一架鋼琴、一個班級開始，慢慢擴增至今，在四〇年代，「鋼琴」或「學鋼琴」是很奢侈的事，新營的街上也沒有任何一間樂器行，因此，樂仁的音樂教室顯得十分特別，樂仁幼兒園早期以人力三輪車接送學生，老舊照片至今已成為鮮見的史料了。

樂仁幼兒園音樂教學的特色，是透過音樂活動提升幼兒人文素養以及團體生活、社會性發展，是很具人性化的引導，後來轉型為開放式教學，一九八四年開始，因吳昭蓉修女負責蒙特梭里教材教法的引介，再轉為蒙特梭里教學。蒙特梭里教育是幫助個體認識自己，回到自我內在，進而認識自我，在班級中年齡大的孩子教導年齡小的孩子，在互相協助的互動過程中看見自己的價值與意義，增強獨立自主能力。由於學區都是文教區，家長的參與度普遍都很高，但是，近十年來，因為經濟轉型，單親、隔代教養比例增加，尤其是父親到外地就業，使得孩子在成長過程中父親的缺席率增加，而且外配的家長也增多，所以，幼兒園為協助教養也推「家長成長班」的課程。對象是校友的家長，以及現在學生的家長，很溫馨地陪伴、輔導，與家長一起成長並成為家長們教育孩子

樂仁幼兒園歷史悠久，在保存良好的老照片中，
看見修女們對教育的付出。（樂仁幼兒園提供）

那些由孩子親手繪製的圖像，領著我們穿越童年多彩的想像世界。

的夥伴。

教孩子們如何生活

在樂仁幼兒園的教育理念中，很重視等待，以及讓孩子自我覺察、選擇，讓他成為自己的主人，透過每一個活動，孩子自我選擇，並為自己的抉擇負責。因此修女徐亞春強調老師的培訓很重要，等待、觀察、尊重，是很專業的教學，老師要透過一直學習，才可以勝任，成為幼兒教育的引導者。德國人做事嚴謹、認真的精神，在樂仁教師的身上明確可見。

訪談那天，正是開學前夕，徐亞春修女帶著我參觀校園，教室裡像一個家。混齡的學童在這裡接受教育，讓大、小朋友的差異被呈現，因此，競爭在這裡是不需要的，團體生活要能和諧共處，只有一個態度：互相幫助。提早讓孩子們看到個別差異，明白需要與被需要，那是很好的社會學。教室裡老師正在布置教學環境，小朋友一起參與清潔工作。教室裡的教具很迷人，都是為訓練小朋友的操作能力、五官感覺而設，牆架上一串數數的珠串牆，特別讓人喜愛，看了就想去玩算術，以音感鐘的聽覺來操作優雅的聲音，鈕扣、抹布、扭毛巾都可

1 在自然中撿拾的種子是最佳的生態教材。

2 音感鐘。

3 串珠為加法，組合成立面即為乘法，老師們用心準備的教具讓學習更具體、更容易瞭解。

4 當午後的陽光灑落，老師與孩子們共同整理好的教室，讓生活教育完美落實。

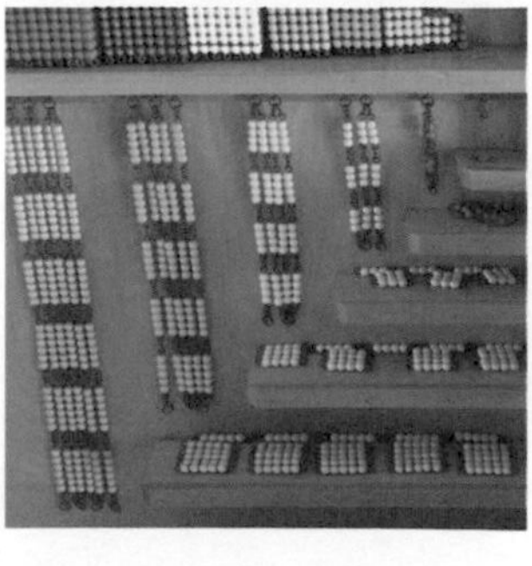

6789

走路，也是可以教育的細節，上下樓梯時，讓孩子依著白線行走，等待，是必須的，細節的境教訓練，讓孩子們懂得「秩序」。

以是手肌肉操作的訓練。我看到樓梯中線有一條白線，很好奇地問用意何在？修女說，走路，也是可以教育的細節，上下樓梯時，讓孩子依著白線行走，等待，是必須的，小細節的環境教育訓練，讓孩子們懂得「秩序」，而且把秩序內化成一份尊重的心意，紀律感就出來了。

樂仁幼兒園是德國修女所創，聽修女們娓娓道來的細節，都見證這間幼兒園的價值。一九八九年重建校園時大樓正面有一片拔天而上的立面，簡潔的線條，像雙手合掌，導入天聽的祈禱，修女說，樂仁幼稚園希望讓孩子們培養寬廣的心胸，簡單、望向藍天，無垠的世界，是孩子們可以從小學習的。樂仁幼兒園，屹立一甲子，培育許多有成就的人，更溫馨的是有些是兩代同堂或三代同堂，阿公帶孫子，爸爸牽兒子回到母校，那種感覺是很讓人感動的。一位德國的修女，遠渡重洋來此播下服務的種子，樂仁幼兒園像溫暖的花房，把孩子當做珍貴的花，花開有時，呵護的心是慈善的關心與等待，在大宏社區收納著赤子之愛。

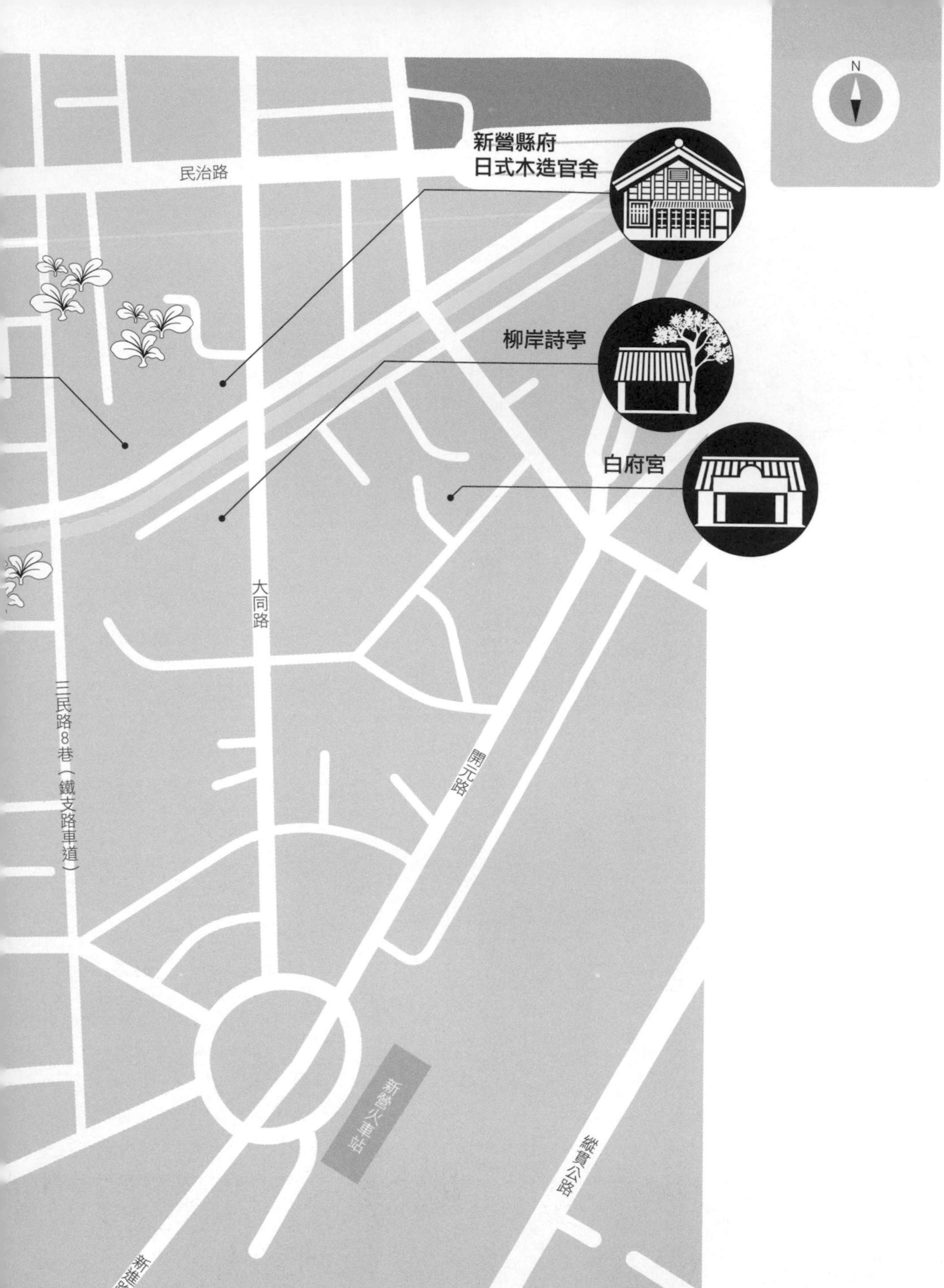
N
新營縣府
日式木造官舍
民治路
柳岸詩亭
白府宮
大同路
三民路8巷（鐵支路車道）
開元路
新營火車站
縱貫公路
新進路

民治路
民治路29巷
民族路
新營區樂齡學習中心
活動中心
中正路
綠川北街
同濟街
民族路教會
三民路
三民路
樂仁幼兒園
中正路
文昌街
希味工房
中山路

8

安平

王城西社區

樂活安居，在王城西

戀戀安平的海水
年年載來金小姐的盼望
劍獅護佑的土地裡
洋行、天主堂、老古厝
愛，在歌唱

1 黃昏時的西龍殿。
2 時光更迭，安平夕照依然是王城西迷人的景色。

史

文化與地景的對話

安平人稱古堡為王城，王城西因位於安平古堡之西而命名，古稱竹圍內的此地有盧家幾代人的共同記憶及親情。社區內，民風樸實，有安平舊聚落的歷史風貌與建築物，安平古堡、東興洋行、西龍殿、安平天后宮、盧家古宅、王家古厝、小砲臺、外國劍獅、怒目劍獅、日式鹽場宿舍、熱蘭遮城外北牆遺跡，安平古蹟一半以上盡在王城西範圍內，因此假日參觀人潮絡繹不絕。坐擁豐富的文化資產，使得王城西在發展社區活動時，有許多景點與典故可供取材，唱不完的〈青蚵嫂〉、演不盡的《金小姐與荷蘭船醫》，傳之久遠的故事演繹過去與現代的安平風情，走一趟王城西，就可以巡禮一趟臺南的老歷史。

西龍殿的煙斗仙仔

西龍殿主祀池府千歲，是王城西居民的信仰中心。相傳一七三八年時，居民祈求海上平安而商議為池府千歲建廟，不久，竟自海上飄來數十根木頭，剛好為建廟所需，居民相信：

是王爺為自己送來的棟材。此廟前方的廟埕，是舉辦大型活動的場地，殿後為安平古堡，廟後則有一堵安平古堡的舊牆。廟門前方面對水景公園，往昔由此處望去，盡是一片汪洋，滄海桑田之後，那曾經漁船競渡的景象已成多少樓臺舊事了。二〇〇九年，廟方在偏殿發現一尊大約二十幾公分高的神像，身著繡袍官帽，含著一根三十公分左右的煙斗，後來，三大帝乩童起乩說明來歷，居民方知是當時地方名人王雞屎的塑像，王雞屎生前樂善好施，死後，化身為地方保護神，雕像塑成後，幾近半世紀，都被不明就裡的後人閒置在一隅，後來廟方請座祭拜，沒想到，數天後，搬離多年的王雞屎的後人突然來到廟中，表示依神明指示來尋根，諸多巧合，讓人直稱神奇！

王雞屎洋樓

安平王雞屎當年以經營鹽業貿易致富，一九三七年興建洋樓宅第位於安平古堡的右方，為巴洛克式風格，是安平最豪華的宅邸之一，當時安平地區大多為閩南風格為主的建築，此宅因此顯得極為突出。二戰時期，因為整棟樓都是白色，地標性太強，日本當局為防止過於顯著而成為盟軍轟炸對象，強制將屋牆漆成黑色。進入王雞屎洋樓的左方，有一現代化廁所，格局形制，是當時號稱五星級的規模，在宅院前，還可見特別的石椅，那是早期往來黑水溝的船隻所用的壓艙石，屋主已九十幾歲，在此安享晚年，不喜外人參觀，但社區發展協會每日會定點問候，因此，對於社區的志工很歡迎，只見柯美惠嬸嬸一入屋，老太太笑臉迎接，嬸嬸熟練地幫她按摩、噓寒問暖話家常，陽光照在屋宇廊柱間、窗櫺上，行動不便的老

2 | 1
3 |

1 王雞屎洋樓一隅。
2 巴洛克式建築。
3 仿柯林斯柱。

太太，安穩舒適地躺在搖椅上，聽志工們一邊按摩，一邊談著社區裡點點滴滴的陳年舊事。幽閴而安靜的廳堂，壁上還有幾幅當年時鮮的壁飾，窗戶保留上下拉啟式的古老結構，順勢拉啟，卡榫之間，先人建築的智慧盡在此處。

往中庭走去，每道壁面都有講究的浮雕與橫幅裝飾帶，精雕細琢的洗石子紋面，幾何圖案與獸紋、花草圖騰透露整棟屋宇高雅的氣派。據說，王雞屎生下來之前，有七個姐姐相繼夭折，傷心的王家人就想幫小兒子取個卑俗的名字，

以求生養平安，沒想到隨便命名「雞屎」二字，竟也可如此大富大貴。王雞屎因承攬日本鹽行搬運工作因而致富，榮顯之後慷慨回饋鄉里，造橋鋪路，急公好義，資助窮人，甚至辦流水席宴請鄰里，因此獲得好名聲，所以鄉里人製作神像供奉他。只是如今王家人事遷易，多往他鄉發展，徒留這棟氣派不凡的老屋，供人憑弔了。

事

歡樂留社區，開心給自己

王城西社區發展協會的前身為王城西媽媽教室，那時趙雪娥女士與一群社區媽媽在舞蹈中找到共同興趣，編舞、表演，多次在區公所的公益演出中，贏得掌聲。志工團隊長趙雪娥，原是國平里人，在臺南蔡虱目魚當總管，因為喜愛社區，所以，天天來此報到。她精心編舞教導社區婆婆媽媽們，每次在社區指導樂齡媽媽時，看社區的媽媽們用心認真，甚至還拿錄音機錄下音樂回家練習，她覺得很感動，社區表演時，這些年長的媽媽們都會打扮得美美的上臺，贏得很多掌聲。盧昭榴擔任理事長時，社區有了規模與起步，等到盧守真總幹事進入社區發展協會之後，許多活動就開始動起來了。趙雪娥志工說：「早先一個人在推動，就覺得快要沒動力了，沒想到盧總幹事夫妻一起來，把大家的團結力與向心力都找回來了！」分享的滋味勝過獨自擁有，盧守真總幹事就有這種發自天性的熱情，感染許多人。他原在安南區中央廣播電臺上班，在天馬電臺三十幾年，對於社區的事務原是門外漢，前任理事長盧昭榴是他的叔叔，力邀盧守真來為社區盡力，叔叔認為竹圍內是盧家代代生活的老地方，「這社區若要好，我們不做，誰來做呢？」就是這份血濃於水的鄉土之情，盧守真二話不說就「潦下去了！」他的妻子王菁蓮也是資深志工，聽完湊過來，比出兩根指頭，笑著說：「不是你一個人潦下去，是兩個人潦下去喔！」一語未了，正在一旁裁剪牛奶盒紙雕的嬸嬸也說，「三個、三個喔！你叔叔（前理事長盧昭榴）出來做社區，我就是免費的勞工了……」說完哈哈大笑，這社區極有趣，牽來扯去都是一家人！盧總幹事說，我們社區組織不大，但是聯絡溝通沒有障礙，自家人天天都可以隨時開會，喬一喬，說了就做，效率超好！趙雪娥隊長說：「這個社區的成果是志工們一個人當三個用，才創造出來的！」

社區每月設定學習關懷主題及對象，配合歲時節慶，由社區幹部、志工發揮專長去執行。比如二〇一一年「緣聚王城，大家藝起來」、二〇一二年「愛在王城，耀西門」、二〇一三年「健康王城，緣家園」、二〇一四「百年風華，再現王城西」、二〇一五年正進行親子「繪我社區」及影像紀錄，還有社區文創工藝品行銷。在每次活動中，看見許多人的笑臉，是社區志工們最大的收穫，盧總幹事說：「歡樂帶給社區，開心留給自己！」這就是志工們奉行的王道！

讓阿門和阿彌陀佛，手牽手

盧守真總幹事說：「做社區活動，沒有口號和教條，只有一個真理：用誠心誠意搏感情。」因為他的誠意，讓王城西每次活動，除了志工相挺之外，天主堂和西龍殿也敞開大門，同心協力辦活動。賴效忠神父在安平天主堂時，因為前理事長盧昭榴的牽成與社區結緣，之後，他看見盧守真總幹事時時修剪社區活動中心前的兩棵樹，於是央請他到天主堂內修剪樹木，盧守真二話不說，就扛起天主堂美化綠化的志工業務，讀電機出身的他，還買一送一定期修繕天主堂的水電，就是這份誠心感動了天主堂的賴神父，打開與社區互動的大門，於是二〇〇二年就在天主堂一起辦了跳蚤市場。二〇〇三年端午節時，聯合辦理活動，廟方有過七星橋、社區販賣魚丸湯、立蛋，天主堂辦跳蚤市場，中西合璧，宗教合流，實在很有趣的現象。從此開始，母親節、端午節、中秋節、重陽節、聖誕節等等都舉辦活動，活動結合社區幼稚園、學校，加上原來的天主教、西龍殿，生活在王城西社區時時都像過年節一樣，社區整個熱絡起來，樂活安居，好不自在！現今社區每個月至少有兩項活動，盧守真總幹事說：「我有一個理念，既然當了總幹事的位置，就要做事，要推動社區，是好事，所以就讓大家一起來做好事！」

與墳墓為鄰的哲學

安平天主堂又稱聖樂倫天主堂，天主堂的費格德神父，是社區裡人人尊敬的長者，在社區推動活動時，他是堅強的後盾。天主堂原為安平教會，一九七〇年遷到現址，此地原是魚塭地，費格德神父說：「二〇〇六年來時，教堂與墳場只有一牆之隔，每夜，我與眾多墳頭並肩躺臥，這樣也安穩睡了不知多少夜。」墳墓遷走之後，市府在此整理綠地，種植各色花草，讓原本荒涼可怖的墳場成為攝影寫真的美麗景點，年節假日吸引很多觀光客來此，蹲下來，或躺或臥擺出美麗的姿態留影，世居於此的居民見狀，都會：「哎喲喂……」兩聲在心裡咕噥，可是跳躍、蹲臥的觀光客依然神色歡笑自若，所以，費神父說：「一般人眼睛看到，心裡明白，他會害怕；觀光客眼睛看到，心裡不明白，就不懂得害怕；有信仰的人，眼睛看

1 聖樂倫天主堂外觀為仿城牆的石砌建築。
2 教堂內部。

教堂內部經過縝密設計，夏至的正中午光線會從耶穌後的JHS圓形玻璃照射到地板的JHS，會再折射到天花板上。門板是由彩色玻璃鑲嵌而成的生命樹。

到，心裡明白，但是信仰讓他不必害怕！信仰告訴我們，我們都會死，所以為了新生命，我們不必害怕短暫的死亡。」有人問神父，天天與墳墓為鄰感想如何？神父說：「這反而提醒我，人都會死，有何所懼！」所以，宗教信仰給我們一個好的勇氣、反省和扶持。二〇〇〇年，賴效忠神父與盧昭榴先生及居民一起成立社區發展協會，神父覺得區公所、社區邀約的活動、幼兒園的學生表演、慰問老人服務，以及每年都會固定排練一些參與的活動，都是以「為大家服務」為出發，理念相同，就可以一起共事，因此越過宗教信仰的藩籬，走入廟宇活動，也讓民眾進入教堂一起歡慶聖誕。神父說：「如果一個社區很有魅力，那麼就可以吸引更多年輕人回到鄉里。」王城西社區正在進行潛移默化的改變，十年來神父看到這社區的特色是會營造老少咸宜的樂活情境，比如說在東興洋行為年長者舉辦的敬老活動與慶生，對長者的尊敬，是對孩子很好的教育，社區提供老老少少都能參與，「家」的感覺值得居民一起來貢獻與服務。

天主堂另一項難得的是由於賴效忠神父愛物惜物的遠見，而成就的天主教文物館，賴神父將「匠人棄而不用的廢石，反而成了屋角的基石」的福音精神發揮到文物館上。館內展示的文物以十七世紀西班牙人進入臺灣至今，天主教的禮儀所用的經書、祭服、祭器、聖髑等器物，還有繪畫、雕刻、圖騰等宗教藝術為主。文物館是一個窗口，也是一道門，讓參訪的人與教堂互動。現今天主堂的掌舵者費格德神父在新竹出生，六歲之後移居到臺南至今，臺南是他心中故鄉的代名詞，為此，神父將繼續與社區共同攜手，打造優質社區。耶穌說：「你對我最小的一個兄弟所做的，就是對我做的。」天主堂與社區是心手相攜一起成全情感的好兄弟。

陳舊的紅磚、咾咕石砌成的牆，這些記憶裡熟悉的景色依然傍著王城西的日常生活。

文化豐富的地景

西門國小創立於一九一三年，昔稱「安平尋常小學校」，校址原在今安平開臺天后宮，一九三九年遷移至前身為英國領事館現址，座落於安平古堡、德記洋行、安平樹屋等古蹟圍繞的校園，後來改建成具有在地特色的建築，融入古蹟情境與社區風貌。學校重視本位課程與小小解說員教育，亦重視與社區互動，因此辦理社造、樂齡計畫以及社區聯合運動會等活動，學校是社區的文化中心。

東興洋行於一八七五至一八九五年間，安平貿易全盛時期是五大交易洋行之一，紅磚砌成的拱門、白牆，頎長的百葉窗，還有綠釉花瓶迴廊，咾咕石基牆等都是居民及遊客所愛，社區為使這古蹟與居民的生活有更大的共鳴，多次在此舉辦重陽節敬老美食、音樂饗宴，活動中邀請吾愛吾家養護中心的老人家一齊來聆聽，多少次活動進行的日子裡，陽光煦煦，微風徐徐，古蹟與人情相輝映，是古蹟活化的好典範。

盧基古宅位於安平區國勝路三十一巷十八

1 盧基古宅。
2 木製窗櫺依然保留舊時的窗栓。
3 盧經堂古厝。

號，是一幢閩式建築的傳統民居，屋主盧基育有五子，四子皆在此屋生兒育女，全盛時期，古宅內四房住有二十人，之後子孫陸續遷出，近年來，古宅無人居住，由盧柏根及盧昭榴夫婦整理，二〇〇八年盧基子孫新春祭祖，返鄉的後代子孫約有百餘人，歡聚一堂。然而，歷經八十幾年的歲月，使得古宅紅木瓦片腐敗，主樑亦受白蟻蛀蝕，甚且一度坍塌。二〇〇九年推動安平舊聚落民居整建維護工程，盧基古宅依原貌翻修，門面整修後的古宅，值得一看的是入屋後右手邊的長輩房，房內保存著一座「新娘床」，古色古香的木造大床，木板壁面上端拉開一帶鏤空的紋飾，將室內燈光打開時，在燈影照射下，會映照精美的圖案。這間大房，平日是長輩所居，若遇有家中喜事，會成為新人的床鋪，讓新人分沾長輩的福氣，也祝福子

盧經堂古宅。

孫「百年好合，旺子旺孫」。這間古宅，是社區盧姓家族的精神凝聚地，也是尋訪古竹圍內舊時風物的必去之處。

安平富商盧經堂的宅第，為四合院建築，是安平最重要的古宅之一。盧經堂經商貿易，西化甚早，是安平第一個穿上西裝的士紳，他的宅第興建時，三落大厝，正是古人所說：「大厝九包五，三落百二門」的氣派，望族宅院，右前有湯匙山，左前有港道聯結安平港，當時盧家貨物直接到達宅前，貨暢其流，故其門楣書寫「屏山帶水」及「座對薰風」為安平最精美的牆門之一。前廳木構精美，門上有「范陽衍慶」堂號，內懸「豐源」商號匾，盧經堂厝是安平地區保存良好、年代最早的古厝，現今由文化局公開委外經營，也是社區內精彩的地景。

人

仗筆走天下

盧柏榕出生於安平，父親盧秩忠在日治時期身兼安平防護團的日本株式會社董事，盧父在二戰末期，一九四五年美軍轟炸臺南時，因為忠於職守，所以從臺南騎腳踏車返回安平查看美軍軍機動向，沒想到，車騎到現今青年路時，一顆五百公斤的炸彈落下，父親當場被炸，連屍首都無跡可覓。當年父親才三十七歲，盧柏榕才兩歲，未出世的妹妹還在母親腹中，可憐成為遺腹子。失怙之痛，使得盧家孤兒寡母過著坎坷的生活，盧柏榕說，當時堅強的母親到處幫傭、洗衣剖蚵仔、打雜，賺取養家活口的薄資，他小時候也要去賣冰枝、雞蛋糕、貢糖以補貼家計。小學時，有一次老師來家裡訪問，他正在燒飯，從此老師就允許他不用留在學校寫作業，可以回家燒飯幫忙家務！他印象最深的是就讀西門國小時，古堡有一支部隊駐守，母親在部隊廚房幫傭，每天中午下課後，他就溜到廚房，去找母親，母親會背著人偷偷塞給他幾片鍋粑，撒點糖粉，讓他帶去學校當午餐，有時跑到廚房，母親忙得沒有時間塞食物給他，或是找不到母親，他只能一個人跑到曬鹽場，雙手捧起粗鹽塊，囫圇舔幾口解饑，然後繼續回到學校上課，那樣辛苦的歲月，直至現今，他已年過半百了，還是說：「忘不了、忘不了，窮得太苦了！」動心忍性，增益其所不能的童年，使得盧柏榕養成堅毅的性格，以及力爭上游的決心，母親教養的三子二女，各個都很爭氣，在事業上各拚一片天！因為懂得含辛茹苦的歲月，所以，長大成人之後他們回饋鄉里，在西門國小設立獎學金，在社區出錢出力，造福鄰里。

盧柏榕自東和紡織退休後，就投入當時立委賴清德的服務處擔任志工長達十餘年。盧柏榕自幼喜愛書法成痴，小時候調皮被媽媽關起來，他就在牆上畫畫、寫字，盧家古宅的木板壁上還有他畫的國畫留存著呢！初中時，即獲得全國中等學校書法優等獎，之後，無論是從事教職或從商，他都沒有放棄勤練書法，濡墨揮毫成為他最大的樂趣，賴清德市長競選的墨寶、春聯的祝賀詞、餽贈嘉賓的文字，都出自他的手中。二〇〇六年起他更在社區揮毫義賣春聯，所得捐贈瑞復益智中心，二〇〇九年，盧基古宅修繕後，他快筆自書對聯張貼於大廳門前。「振業迎祥勤惟秩，積德納福儉所宗」橫批「仁厚傳家竹圍內」，聯上嵌入族人輩分排行用字，以及父親「秩宗」之名，足見他對於先父的孺慕之情了。盧柏榕老師不定期在社區活動中心教導書法，二〇〇〇年並獲得「長青楷模獎」，熱心公益，實至名歸。

百齡容顏，真彩人生

六年來，社區舉辦多次活動裡，黃海彬先生是最好的影像紀錄者，黃海彬先先說，自己是安平原住民，在安平度過人生最精彩的大半輩子，六十三歲那年，他從職場退休，在許多朋友的邀請之下，加入臺南攝影協會，拿起相機，只是因為單純的興趣，幾年前社區在東興洋行辦理敬老音樂會，當時他看到許多白髮皤皤的長者，在音樂會場專注投入，滿心喜悅的神情，讓他很感動，於是他拿起相機，為社區的老人拍照，一一記錄長者的容顏，六年來，總共拍攝六百多張。二〇一〇年五月東興洋行，百歲阿嬤吳林雙慶生會時，他也拍了很多阿嬤的照片，這次圓滿的音樂會之後，阿嬤過世了，他的家人在阿嬤最後一程的喪禮中，挑選的照片還是黃海彬老師所拍的：自然、真實又很傳神地捕捉吳林雙阿嬤的精神世界。二〇一一年開始，社區活動中心製作真彩人生的佈告牆，將黃海彬老師所拍的每一位長者的相片都展示出來，之後，社區志工甚至在西門國小，為黃海彬老師籌辦攝影展。黃老師以細膩的觀察運鏡，充滿欣賞的感情調焦，為社區老人家容顏寫真，他的鏡頭下所珍藏的，是歲月，也是老吾老以及人之老的大愛。無論是為老人家的慶生會，或是重陽節敬老活動，黃海彬老師都會拿起他那默默觀察的相機鏡頭，捕捉這些耆老的身影，留下的言談謦欬，後來就成為很多老人在走人生最後一程時，家人拿來當作追悼的音容，所以黃海彬老師，是為社區寫歷史。

薩克斯風的浪漫藍調

時常造訪東興洋行的朋友，對於薩克斯風樂團蔡忠雄老師，一定不會感到陌生，蔡忠雄老師由 keyboard 開始，浸淫音樂領域二十多年。早先，蔡老師是在藝術轉角、黃金海岸等地演出，在新營文化中心旁的綠都心公園演出是文化局固定的文化沙龍，每週五在此演出的是公益性質，起初，只有三三兩兩的觀眾，後來慢慢地聚攏了一群固定來捧場的阿公阿嬤，蔡老師說：「粉絲團是很可愛的，他們對我們的演出，也無所求，只是時間到了，就像固定打開八點檔的連續劇一樣，就來報到了！」漸漸地，聽歌的人彼此認識了，薩克斯風樂團的演出，成為一種媒介，像生活款款的呼吸，召喚著一群人。後來由於翁織文先生的牽線，來到東興洋行演出，盧總幹事在東興洋行辦理活動時，因緣際會就加入了社區志工的行列，據樂團主持人兼接洽活動的陳凱莉小姐說：「五、六人的樂團，每次與社區志工一起演出，都是無償贊助，零費用是因為看這些志工們的努力與付出，覺得應該挺一下！」看到自己的音樂，可以帶給長輩開心，並且充滿期待等待下一次再來相聚，那種責任與依賴的共同成就，會讓人在音樂領域，很滿足的。蔡忠雄老師與社區合作快十年了，十年來的合作，盧守真總幹事說：「就是二話不說的好搭檔！我從蔡忠雄老師的身上，體會人家所說：先把手伸出去幫別人，然後你的回報可能會更多，真的理真意切！」

We are Family！

王城西社區就是人才濟濟與愛心滿檔。社區的料理總鋪師顏海吉，每年端午節「關懷心、粽香情」時，他和妻子永遠身先士卒，幫忙煮粽，顏海吉世居安平海頭里「鹽寮」，偶然的機緣，在從事外燴的姑丈外場辦桌時，客串臨時工，第一次端菜到主桌，領到紅包的喜悅，讓他一生難忘，從此便以做好一位總鋪師為職志。他和大兒子顏俊榮時常利用休假教導社區里民製作料理，是社區貨真價實的大廚。還有一位社區志工張秀麗老師，她原是每天過著柴、米、油、鹽、醬、醋、茶的平凡家庭主婦，二○○七年，在好友魏淑琴的介紹下，加入社區志工隊，協助關懷訪視、學習手工藝，以及有氧舞蹈，手語帶動唱，多元的課程，以及受邀表演，讓她從青澀害羞轉而漸漸能站在舞臺上展現自我，她的先生黃再興也在創意表演「花朵舞」表演時，義不容辭和其他志工一起學習舞蹈，讓她覺得很感動。

王菁蓮副隊長在社區擔任文書志工，攝影記錄難不倒她。她可以一手當保姆顧孫子，一手寫社區申請計畫，簡直是強人！盧守真總幹事也不遑多讓，他有一特長，那就是幫「人名」寫對聯，例如幫顏海吉、蔣淑惠賢伉儷寫的對聯是：「顏習料理蔣相隨，海味山珍淑飄香，吉時佳餚惠饗客」將名字嵌進去，趣味十足。

二〇一〇王城西社區的文創賣點是用棄置的牛奶盒做成紙繡球，這是另一位強人柯美惠嬸嬸讓人拜倒的絕技了，用三十個硬紙片組成紙繡球，一球在手，是萬用寶貝！社區關懷志工到老人院，分給老人家，讓他們兩人一對，互相投擲，做復健；遇到節慶時，紙繡球綁上紅絲巾，編舞來跳；到了過年時，紙繡球裡放入LED燈，又是一個燈籠了，神奇的巧思，既環保又創意，化腐朽為神奇，妙用無窮！

今年社區的主題劇是：「當劍獅遇到金小姐」，寫劇本的是盧守真，繕打文書是妻子王菁蓮，編舞是趙雪娥，還有製作衣服的、配樂的、做道具的都有「專人」負責，社區志工的分工很強大！而且志工相處，如家人般的感情，充滿溫馨幸福。

盧守真說：「志工的幸福是，有可以去愛的人，有可以去做的事，有可以期待的事。」

盧守真、黃海彬、盧柏榕、趙雪娥，這些在社區中付出時間與心力的志工們，他們在居家的遷移上，都已搬離社區，然而，每日每日他們從安南區、中西區、國平社區一步步回來，因為，這裡是他們永遠的家，他們的心，安住此處。

德雷莎修女說：「愛，是從別人身上的需要，看到自己的責任。」這是全家人的社區，全家就是你家，社區就你家！

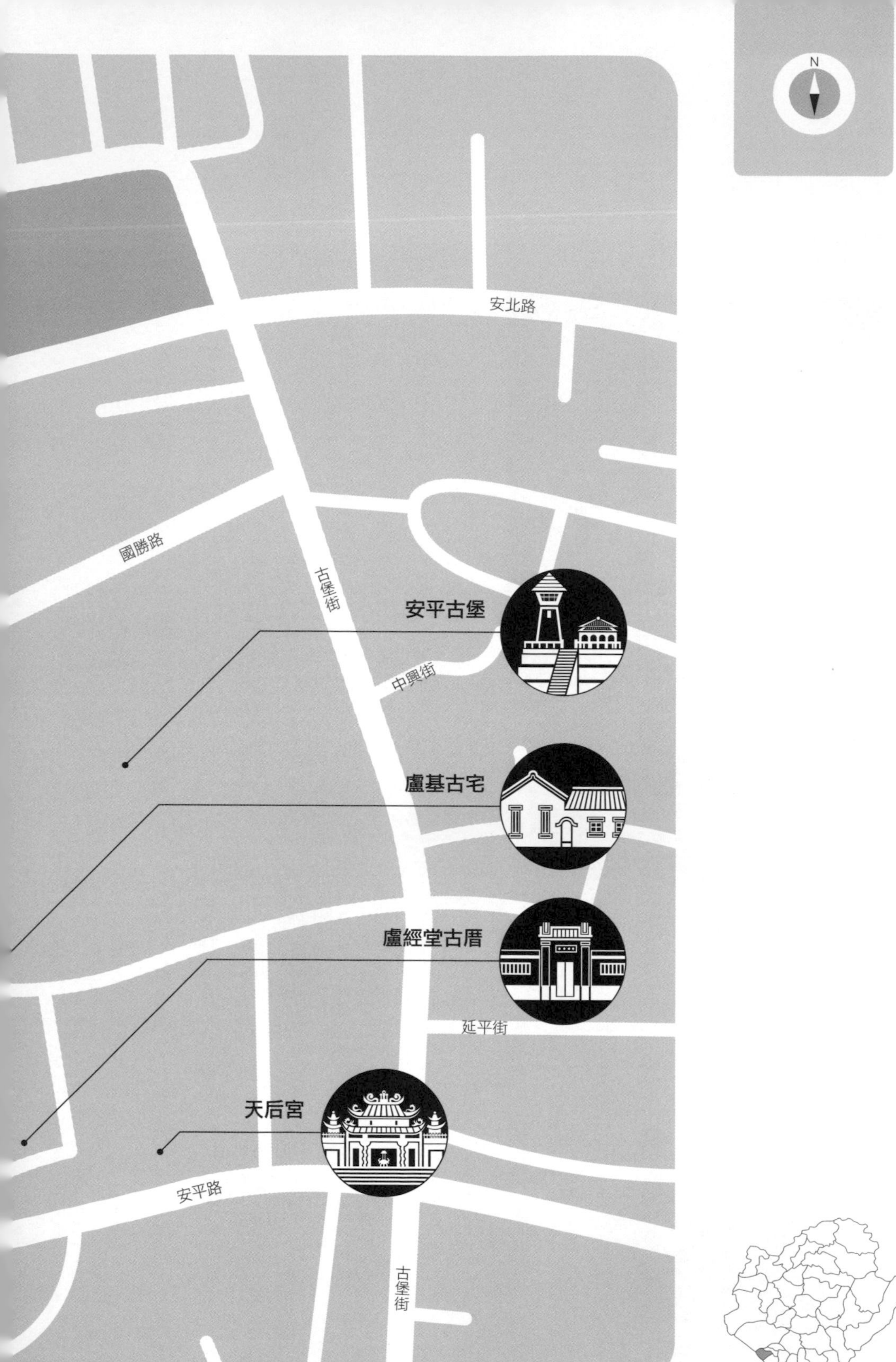
N
安北路
國勝路
古堡街
安平古堡
中興街
盧基古宅
盧經堂古厝
延平街
天后宮
安平路
古堡街

古堡街
西門國小
王城路
安北路
安北路
臺鹽日式宿舍
東興洋行
社區活動中心
西龍殿
王雞屎洋樓
聖樂倫天主堂
國勝路35巷
安平路850巷
安平路

人物誌

橋南社區

橋南社區

理事長 —————— **鄭惠澤**

泉利打鐵舖 ————— **李一男**

國平社區

國平社區

前理事長 —————— **林志忠**

現任理事長、園藝老師 — **吳忍耐**

素玉理髮 —————— **王素玉**

木匠師傅 —————— **馬山海**

社區志工 —————— **翁美玉**

泉利打鐵舖 —————— **李信賢**

大和行老闆 —————— **蔡清全**

里長嫂 —————— **張美珠**

手工藝達人 —— **高金雲**
宋江陣老師 —— **謝志忠**
民族藝術家 —— **王永福**

里長 —— **謝文賢**
總幹事 —— **謝鴻城**
藺草工廠老闆 —— **莊振章**

榛林
社區

太極拳老師 —— **林妙香**
手工藝老師 —— **蔡麗瓊**
榛林社區

西拉雅

聚落手作達人 —— **佟安靜**

綠谷西拉雅 —— **萬正雄**

阿公的店 —— **佟炎聰**

牧師 —— **李孝忠**

牧師娘 —— **許素芬**

二叔農場 —— **羅路賞**

民族藝術家 —— **王鬧允**

民族藝術家 —— **王寶福**

西拉雅

虎山
社區

大崎
社區

竹鼓達人 —— **陳來福**

虎山社區

理事長 —— **吳昕璨**

里長 —— **陳延海**

菱角阿嬤 —— **林沈月香**

剪黏大師 —— **陳俊旭**

合作社經理 —— **蔡艷芳**

大崎社區

理事長 —— **陳登清**

大宏
社區

里長 —— **蔡崇名**

校長 —— **周基山**

總幹事 —— **王瑞和**

養雞達人 —— **歐龍正**

大宏社區

理事長 —— **謝榮展**

前理事長 —— **林再祿**

善知院 —— **李若琦**

老虎香包老師 —— **蘇慧君**

王城西
社區

樂仁幼兒園修女 —— **徐亞春**

樂仁幼兒園修女 —— **吳昭蓉**

王城西社區

烏山頭水庫導覽解說員 — **蔡尚志**

希味工房老闆娘 —— **李培馨**

希味工房老闆 —— **游朝清**

書法家 —— **何連成**

布袋戲達人 —— **高清貴**

社會局行政課退休課長 — **黃水閣**

攝影老師——黃海彬

薩克斯風老師——蔡忠雄

薩克斯風團隊經理——陳凱莉

書法家——盧柏榕

志工隊長、舞蹈老師——趙雪娥

牧師——費格德

總幹事——盧守真

志工隊副隊長——王菁蓮

志工——柯美惠

臺南綜合叢書 S012

南方誌

這些人那些事，臺南最迷人的社區圖像

作者	王美霞
總策畫	葉澤山
策畫	周雅菁、林韋旭、余基吉
行政	李頤娟、詹麗芳
攝影	劉登和、方姿文
美術編輯	陳采瑩
指導單位	文化部
出版	臺南市政府文化局
地址	70801 臺南市安平區永華路二段 6 號 13 樓
電話	06-2959205

合作出版	城邦文化事業股份有限公司 麥田出版事業部
發行人	凃玉雲
總經理	陳逸瑛
編輯總監	劉麗真
副總經理	陳瀅如
副總編輯	林秀梅
業務	李再星、陳玫潾、陳美燕、杻幸君
行銷	艾青荷、蘇莞婷、黃家瑜
地址	104 台北市民生東路二段 141 號 11 樓
電話	(886) 2-2500-7696
傳真	(886)2-2500-1966、2500-1967
發行	英屬蓋曼群島商家庭傳媒股份有限公司城邦分公司 104 台北市民生東路二段 141 號 2 樓 書虫客服服務專線：886-2-2500-7718；2500-7719 24 小時傳真服務：886-2-2500-1990；2500-1991 服務時間：週一至週五 09:30-12:00；13:30-17:00 郵撥帳號：19863813　戶名：書虫股份有限公司 讀者服務信箱 E-mail：service@readingclub.com.tw 麥田網址：http://ryefield.com.tw
香港發行所	城邦（香港）出版集團有限公司 香港灣仔駱克道 193 號東超商業中心 1 樓 電話：852-2508-6231　傳真：852-2578-9337 E-mail：hkcite@biznetvigator.com
馬新發行所	城邦（馬新）出版集團【Cite (M) Sdn. Bhd.（458372U）】 41, Jalan Radin Anum, Bandar Baru Sri Petaling, 57000 Kuala Lumpur, Malaysia. 電話：603-9057-8822　傳真：603-9057-6622 E-mail：cite@cite.com.my
印刷	沐春行銷創意有限公司
初版一刷	2016 年 4 月
初版二刷	2016 年 5 月
定　價	新台幣 350 元
GPN	1010500015
ISBN	978-986-04-7465-7

城邦讀書花園
www.cite.com.tw

國家圖書館出版品預行編目（CIP）資料

南方誌：這些人那些事，臺南最迷人的社區圖像 /
王美霞著. -- 初版. -- 臺南市：南市文化局出版；
臺北市：麥田出版：家庭傳媒城邦分公司發行，
民 105.04
面；公分. --（臺南綜合叢書 vS012）
ISBN 978-986-04-7465-7（平裝）
1. 社區總體營造 2. 臺南市
545.0933 / 127　　104027816